日本の心理療法
身体篇

秋田巌 編

新曜社

はじめに（各篇共通）

私の魂は、今、よろこびに打ち震えている。シリーズ『日本の心理療法』を上梓できる運びとなったからである。

私は一九八五年に精神科医となり、スイスのユング研究所留学を挟んで、九七年より京都文教大学で臨床心理学の教育に携わるようになった。そして、ふと気がついてみると「講義科目」に並んでいるものは西洋、あるいはユダヤ・キリスト教圏で生まれ育った心理学・心理療法ばかりなのである。日本で生まれ育った心理療法がないのであれば仕方がない。

ところが、である。日本には、森田療法・内観療法・生活臨床をはじめとして日本で生まれ育った心理療法（精神療法）が少なからず存在する。それがまったく教えられていない。臨床心理学教育に比べて精神医学領域においては、事態はもう少しマシで、きわめて不十分ながらも教育されている。が、臨床心理学教育、たとえば私の勤務する京都文教大学――臨床心理学に携わる者なら概ね誰でもが知っている、その道の「有名校」である。日本の心理臨床学の礎を築いたと言える亡き河合隼雄先生が中心となって創立された大学でもある。質量ともに誇るべき陣容と教育内容を備えている――をしてこの状況。つまり、「日本の心理療法」がほとんど教えられていない。そして、この「異常事態」は全国的なものである。

しかも、摩訶不思議なことに、この異常事態を指摘・問題視する者がこれまでいなかった。そこで、二〇〇七年より、私は日本の心理療法とその背景にある日本的精神性の勉強を始めた。学問の特質上、本を読んでの理解では限界があるゆえ、それぞれの分野の専門家をお招きし、教えを乞うことを始めた。と、同時にそれを公開し、招聘した先生方にご講演をいただいたあと私とディスカッションをするという試みを始め、それをもって学生への教育としている。大学の理解と強力なバックアップを得て、かなり精力的に事にあたることができており、現段階で約六〇回の公演（講演）開催が実現しており、現在進行中でもある。

その延長線上で、人形浄瑠璃・文楽の桐竹勘十郎氏、歌舞伎の中村獅童氏、劇作家・演出家の平田オリザ氏を客員教授としてお迎えし、心理療法の背景をより多彩な角度から考察することも始めている。日本の心理療法、そしてその背景研究をさらに深めていくべく努力している。

研究に終わりはない。だが、このあたりで一旦の成果をまとめ、『日本の心理療法』シリーズを刊行することの意義はきわめて大きいと考える。日本の心理臨床教育場面において無視され続けてきた「日本生まれの心理療法」の存在と意義と教育の必要性を世に問うことができるこの試みはきわめて画期的なものだと自負している。

秋田　巌

序

本書は二〇一二年三月二四日、京都文教大学で行われた公開シンポジウム『日本の心理療法　身体篇』が元となっている。それから本書出版までに思わぬ歳月を要してしまった。シンポジウムをまず文字起こしし、それを各先生方に加筆・修正していただくというプロセスのなかで――これは長文執筆の経験がある方ならご理解いただけると思うが――思わぬ行き詰まり・障壁に阻まれることがある。この「壁」は、真っ向から乗り越えようとさえしなければ意外にすんなり迂回できたりもする。しかしそれをしてしまうと、論文完成後の満足感・納得感が、言うまでもなく、低下してしまう。

本書の執筆者のうち、お二人はごく早期に論文を提出してくださった。あとお二人におかれては数年もの時を要した。この遅れはひとえに編者たる秋田の怠慢に帰されるべきであるが、それにもまして執筆遅延のお二人が、論文記述途上に立ち現れる様々な困難を正面から受け止め、乗り越える作業をしてくださった賜物でもまたある。このことは、本書に目を通していただければ即座に了解していただけるであろう。

と言って、早期提出のお二人の論文がいい加減なものであるはずもない。「立ち現れる壁」に猛スピードでぶつかり突破。あるいは、時に、迂回ということではなく、ハードルを、才能とエネルギーで軽やかにクリアし、一気に仕上げてくださった。

小説や音楽、さらにはすべての芸術作品がそうであるように、一気に仕上げてしまうほうが良いものができる、というわけでは必ずしもない。逆に、時間をかけて練り上げたほうがレベルの高いものができる、というわけでもまた必ずしもない。その時々の自分の状況に従って作品が完成されていく。

この度、奇しくも「遅・速」が二対二に分かれてしまった。答えは記さぬが、どの論文が……と想像しつつ読んでいただくのもまた一興かと。ともあれ、でき上がった本書は若干の自負をもって読み直すことができる。先ほど編者の「怠慢」と書いたが、長年心理療法に携わっている私が身につけた「時を待つ能力」が発揮されたという言い方をしても、あながち言い過ぎにはならないであろう。

ところで、本書は『身体篇』であるが、心理療法における身体の問題はかなりの難問である。

医学においては、精神科を除き、身体そのものが研究対象となる。医学の一領域として組み込まれた精神医学もおのずと身体を抜きにしては語り得ない。[注1] ごく一例を挙げれば、器質性精神病の問題があるし、脳内物質と精神症状を関連づけずして、もはや何事も語れない。

私は精神科医としてキャリアを始め、今は精神療法家を名のれる身でもある。当初、神経精神医学教室に所属していたため、神経学も修めた。筋萎縮性側索硬化症など、さまざまな神経難病の患者さんを担当させていただいたゆえ、患者さんへの触診、つまり身体への接触は日常的行為であった。が、神経精神科医から精神科医へと特化していく途上において次第に身体接触は減じていった。今では、たとえば、すごく不安の高い患者さんの不安を少しでも和らげるために脈をとる、といった行為を試みる以外にはほとんど患者さんの身体に触れることはなくなった。精神科医としての私の精神療法家性が高まるにつれ、それは、不必要ないし有害な転移を避けるため、治療を安定させることを念頭においてのことである。

ましてや、医者という立場を離れ、カウンセラーつまり心理療法家としてクライエントさんに一回五〇分と時間を区切りお会いする際、身体接触は、まず、ない。西洋においては、握手で始まり握手で終わる。日本では、礼に始まり礼で終わる。

私は九三年から九六年まで、スイスで訓練を受けた。ある時、分析家に「日本人は本当に身体に触れ合わないのね。こんなことがあったわ。ある日本人女性と初めて会ったとき握手をしたの。そしたら、その日本人女性は突然泣き始めた。驚き、理由を尋ねると、人に触れるのが久しぶりなので感情がつい……とおっしゃったの。本当にびっくりしたわ」と言われた。

これは治療論を超えて、日本文化の持つ負の側面の一つであろう。握手をしたり、ハグをしたり、あるいはキスさえもごく一般的な風景である西洋は身体接触豊かな文化である。彼らにとっては当たり前のこと過ぎて、そのプラス面に気づいていないかもしれない。

ある高名なユング派分析家が「日本人の孤独は谷底の孤独である。つまり、土や木や川に包まれている。それに対し、西洋人の孤独は山の頂に立っている孤独である。個が確立されすぎているがゆえに、それを包むものがない」と述べていたが、前記、身体接触のことを考慮に入れると、必ずしもそうとは言えない。「山頂の孤独」という言い方をするならば、西洋においては心理的「山頂の孤独」を身体接触で補償している、という見方も可能であろう。

ともあれ、日本の一般的カウンセリング場面において、身体接触は禁忌とさえ呼べる扱いである。西洋で訓練を受けたセラピストのなかには、クライエントと握手する人がいる。どういう認識でそれを為しているかは、それぞれであろうが、単なる西洋かぶれ、つまり西洋で学んだ心理療法を、日本のそれよりも上位に位置づけるような認識では話にならぬ。が、たとえば、先ほど述べたような身体接触のプラス面を考えてのことであれば許されてしかるべきである。

ただ、握手と言えども日本文化になじみ切ってはいない所作であり、それの持つ意味についてはケースごとに丹念な「考察」が必要である。

さて、本書では身体性が深く関わる日本ないしは東洋生まれのセラピーが四つも（！）深く論ぜられている。

「臨床動作法」は、身体接触抜きには語れない。本書においては、ありがたすぎることに、その第一人者にご執筆いただくことができた。氏ならではの洞察をご堪能いただきたい。

続く「和太鼓」はまだ「療法」としての確立をみてはいない。おそらく、遠くない将来（と言っても数十年は必要か）確立されるであろう「和太鼓療法」のそのごく初期段階での報告を聞けることは大きな喜びである。

「遍路」もまた療法と呼べる段階ではない。そして、それを目指す必要もないのかもしれない。遍路は遍路のままで、変に療法性に引っ張られすぎることなく、深く静かに四国はその場を与えればよいであろう。北村は遍路を自らの心理療法に用いることはもちろんしていないが、北村自身の心理療法のなかに遍路はしっかりと根づいている。その様子を垣間見る機会を与えてくださったことに感謝する。

最後の「気功」論文は同僚の濱野によって書かれたものである。同僚ゆえ学内で毎日のようにお見掛けするのだが、氏自身の存在が気功的と言おうか東洋医学的と呼ぶべきか、マジカルあるいは神秘性を漂わせた御仁でありつつ、いわゆる現実・社会的なところにもきちんと根を張っている稀有な存在。そのあたりをお知りおきいただいた上でお読みいただくと一層、氏の言わんとするところが伝わってくるのではないか。

それでは、そろそろ本題へと。

秋田　巌

注1　この点に関しては、拙著『さまよえる狂気』（二〇一二年　創元社）で詳述した。ご興味おありの向きにはお目通しいただければと思う。

目次

第二章　和太鼓演奏における身体の体験
――皮膚感覚・運動感覚・深部感覚の心理臨床学的有用性　清源友香奈……45

第三章　歩き遍路の身体性――心理臨床への道程　北村香織……99

■装幀　虎尾　隆

身体篇——わたしの自然をもとめて

第一章　臨床動作法と日本的心理療法

鶴　光代

日本で生まれた臨床動作法、その誕生と展開

日本的心理療法という視点から臨床動作法を語るとき、まずは、今から五〇余年前に、日本で生まれた心理援助法であることが挙げられる。しかし、臨床動作法のどこに日本的心理療法といえる要素があるのかについて説明しようとすると、なかなか難しい。臨床動作法が日本で生み出されたそのきっかけから、今日に至るまでの展開をたどることで、日本的心理療法といえるところは何かを見ていきたい。

●催眠法による脳性まひのひとの動きの改善

臨床動作法誕生のそのきっかけは、多くの心理療法の誕生が偶然性を帯びていたように、脳性まひの成人への催眠法適用という思いがけないところから始まっている。

成瀬[1]によると、催眠研究仲間の小林[2]から、彼の勤めている身体障害者更生施設にいる脳性まひの人に、

「催眠暗示で動くかもしれないのでやってみたい」という相談の電話があり、助言をしていたところ、「動かせなかった腕が伸びて、上に挙がった」という報告があり、その後に、「手伝わなくても腕は上まで自分で挙げられるようになった」という報告を受けたという[3]。

また、木村[4]によると、脳性まひ者に見られる身体の強い筋緊張を催眠で弛緩できるのではないかということから、一九六三年に小林が勤務していた身体障害者更生施設で、小林と共に催眠法のデモンストレーションを行い実際に適用してみたところ、小林が指導した脳性まひの人に驚くべき効果が生じたという。それは、二二歳の片まひの女性で、催眠に誘導し手の動きの指導を行ったところ、生まれた当初から曲がったままであった五本の指を自然に伸ばし、さらに、後催眠暗示として弛緩と伸展暗示を与えたところ、覚醒後も自分の大腿部の上で手指を伸ばすことができるようになったという事例であった。その女性は、その後の催眠法を用いた手・腕の訓練によって、以前はできなかったミシンやアイロンの操作が可能になったという。

小林と木村から、これらの報告を受けた成瀬は、その研究の重要さに注目し、自分たちでも脳性まひの小学生数人に催眠指導を試み、研究の有意義性を確かめた。そして、この研究を発展さすべく、心理学者を中核とした全国規模の研究グループを編成し、本格的に、催眠法による脳性まひ児・者の運動改善の研究に取り組むことにした。脳性まひのひとのからだの動かしにくさは、医学的には器質的脳損傷に起因する中枢神経機能の障害とされていたにもかかわらず、全く心理的手続きで起こる催眠現象によって、その運動障害が大きく改善されたという事実に関心が向けられたのである。

●「動作」の概念と動作訓練

こうした研究の推進のなかで、成瀬は、催眠中に彼らの筋緊張が弛みからだを動かせるようになるという現象は、脳の器質的、生理的な側面に変化が起こっているのではなく、からだを動かすことに関する心理的活動が改善されることに拠って起こっているという仮説を生み出した。つまり、脳性まひのひとが催眠中の指導で、過度な筋緊張（以下、過度緊張）を弛めることができたとき、少なくともその過度緊張は、その人自身が日常生活のなかで、全く無意識的に自分で入れて続けていてそれが常態になっている筋緊張であると理解された。催眠下では無意識的活動が活性化されるので、自分で無意識的に入れている筋緊張を無意識的活動で弛めることができたと考えられた。つまり、無意識的ではあるがその人自身が弛めるという活動をしたゆえの結果ととらえられた。

そして、過度緊張を弛めた状態で、適切な動かし方を練習し体得していくと、催眠から覚醒した後の日常生活でもからだを動かせるようになると推測した。脳性まひのひとは、生後まもなくに受けた脳の障害によって、もともとからだを動かすことに何らかの障害はあるであろうが、それが元となって二次的に起こったからだの不自由は改善されると考えられたのである。こうした仮説に立ち、脳性まひのひと自身が無意識的にではあるが自分で入れている緊張を自己弛緩する方法と適切な動かし方を体得するための訓練法の開発に力が注がれていき、催眠を用いなくても有効な援助ができるようになっていった。

そして、そこでの訓練で目指していることは、神経・筋・骨格系による生理的な身体運動や身体構造における力学的・物理的な身体運動ではなく、人が自分のからだを動かそうとして動くところの身体運動であるから、それを特に「動作」と呼ぶこととした。そして、それまで、催眠法による機能訓練と呼んでいたものを、一九六八年には「動作訓練」とした[5]。つまり、成瀬[6]は、動作とは、「もろもろの身体運動のうち、人間の有意的な意図を実現させようとする主体者の努力の結果生じる」ものとし、他の身体運動とは違う概念として明確にした。ゆえに、開発された技法では、そのひとが自分の過度緊張を自分で弛め、自分のからだを自分の意図通りに動かすその動作の仕方を体得していく心理的活動を重視した。「動作訓練」とは、脳性まひのひとのような動作不自由な者に、その不自由を改善し、動作のスキルをいっそう高める目的をもって、トレーナーがトレーニーに計画的なはたらきかけをすることをいい、動作訓練の技術の体系は「動作訓練法」と名づけられた[7]。

動作訓練は一九七〇年までにはその基礎がほぼできあがっており、心理職の専門家のみならず、肢体不自由児の養護学校の教師からも関心を持たれ、研修希望者が増えてきていた。丁度、そうした折の一九七一年に、文部省（当時）が、特殊教育諸学校の学習要領を改正し、教師が教育活動として行う「養護・訓練」という領域を作ったことにより、「養護・訓練」における指導法として、心理学に基づく動作訓練法は、養護学校で急速に拡がっていった。そして、脳性まひの子どもの動作の不自由を、未学習、誤学習、不全学習という視点から捉え、自分の入れている過度な力（筋緊張）を弛める学習や動かすために自分のからだに入れる力を自分でコントロールする学習、目指す動きを実現させていくその仕方を体得する学習という意として、動作学習という新しい概念も生まれた。

●自閉や多動の子どもへの動作訓練法の適用

動作訓練法は、個人を対象としても行われたが、多くは集団で行われた。それは、「動作訓練キャンプ」と呼ばれ、訓練を受けるトレーニーとその保護者、そして訓練を担当するトレーナーとが、約一週間の期間、同じ場所で、生活を共にしながら集中的に動作訓練を行う形式であった。

参加者は、脳性まひの子どもをはじめとして、動作不自由を伴うところの知的障害の子どもや自閉性障害がある子ども、多動が問題となる子どもたちであった。キャンプでは、一日三回の訓練のほか、集団の遊びや生活指導のプログラム、研修者や保護者のための研修プログラムが組まれていた。そうした実践のなかで、子どもたちに、動作改善のみでなく、空間認知の出現や、自閉的な行動および多動の減少、他者とのコミュニケーションの向上、場に応じた社会的行動の出現が見られるようになったという報告が出てきた。このことから、動作不自由を伴わない自閉や多動の子どもたち、そして不登校の子どもも訓練キャンプに参加するようになった。また、養護学校でも動作不自由を伴わない自閉や多動の子どもたちに動作訓練を適用し、問題行動の改善や社会的行動の向上に効果を上げるようになっていった。

上述のような行動の改善がなぜ起こったのかについては、次のようにいえる。動作訓練では、トレーニーはトレーナーから提出された動作課題に何らかの形で取り組むことになる。トレーニーには、動作課題を受け取り、自分のからだに働きかけるという自己活動が起こり、トレーナーからの援助を受けて自分のからだの動きをよくするための活動がなされていく。そこには、その子なりの注意の集中、動きの難しさの感知、試行的取り組み、工夫、新しい動きの生み出し、練習、獲得といった活動があった。また、一方で、トレーナーの援助を受け取りそれを取り込んでからだを動かし相手に返していくといったような、相手とやりとりするという活動もなされた。それらの活動が、主体的で能動的な自己活動や現実検討力、自己コントロール力、対人対応力を育て、社会的行動の変容をもたらしたと考えられた。

●「動作法」という概念の創出

動作訓練法の適用の拡がりから、成瀬[8]は、一九八四年に「動作法」という概念を明確にした。すなわち、動作訓練法の中核をなしているところの、トレーナーがトレーニーに具体的なある動作をするという課題を与え、トレーニーがそれを遂行するという活動と、トレーニーが活動できるように援助するというトレーナーの活動の両者を含む場面があって、それをトレーナーがマネージメントをしながら推進させていく場合の全体状況を動作法と呼ぶことにした。動作法とは、ある目的において、ひとに動作をさせるにあたり、その人が為すべき動作を特定し、条件設定や介入、援助をしていくその方法を指しているのである。

ゆえに、動作法は目的や対象、領域の別によっていろいろに用いられるわけであって、脳性まひのひとの動作訓練法では、動作がうまくできないので、それができるようにする目的で動作法が用いられるということである。自閉や多動の子どもに動作法を用いる場合の説明として成瀬は次のように述べている。

「自閉・多動の子どもでは、もともとそうした動作そのものができないわけではない。にもかかわらず、それが課題として与えられたとき、それを自分に対する課題として受けとれず、またはその課題の内容を的確に把握できず、あるいは自分のなすべきこととはわかっていても他のことに気をとられたり、心を乱されたりして遂行の努力をしない。たとえ努力しても課題どおりのものにならず、途中で誤ったり、別の動きになったり、最後までやりとおすまでの努力や工夫がたらず、あるいは注意が散漫になったりということになりやすい。

この与えられた課題をそのとおりに遂行・解決できるようにしていく過程をとおしてこの子どもたちに変化をもたらす目的で動作法が用いられることになる。(8)」

自閉や多動の子どもに動作法を用いる場合の呼び方であるが、現在は、自閉や多動、知的障害、情緒障害といった問題を持つ子どもたちのよりよい変化・発達を目的に動作法を用いる場合を「障害動作法」としている。しかし、場合によっては、「発達障害児・者への動作法」、あるいは「自閉性障害のある子どもへの動作法」「多動性障害のある子どもへの動作法」と呼ぶこともできる。しかし、自閉や多動の子どもに動作法を用いる場合を下記のような事情で、単に「動作法」と呼ばれていることが少なくない。

「動作法」という用語が生まれたときは、丁度、自閉、多動といった障害のある子どもへの動作訓練が高い関心を呼び全国に急速に拡がっていった時期であった。それは、動作改善を主たる目的とするものではなく自閉性行動の変容に目的を置いたものであったため、独自な呼称を必要としていた時期でもあった。そこに、動作法という用語が出てきたので、自閉、多動といった障害のある子どもに動作訓練を用いる場合を「動作法」と呼ぶと誤解され広まっていったというものである。

自閉・多動の子どもへの適用の一方で、動作訓練を心理療法として用いる試みも一九七〇年代半ばには始まっており、その効果も明らかにされ広まりつつあったとき、成瀬[9]は一九八七年に「心理療法を目的として動作法を用いる企てを動作療法という新しい用語で特徴づける」としたため、この場合は、用語の混乱は生じなかった。

動作法という方法は、目的別には、動作訓練法、障害動作法、動作療法、健康動作法、被災支援動作法などがあり、対象別には、赤ちゃん動作法、幼児動作法、高齢者動作法などがある。また、領域別には、教育領域で用いる教育動作法、スポーツ領域でのスポーツ動作法などがある。このように支援や援助、教育を行うことを目的に動作法を用いる場合を総称して臨床動作法と呼び、動作の実験的研究を目的に動作法を用いる場合は実験動作法としている。心理臨床場面で動作法を用いる場合には、動作療法よりも広い概念ではあるが、臨床動作法という場合も多い。また、臨床動作法の臨床を略して、単に動作法という言い方も少なくない。

●心理療法としての動作法

脳性まひのひとの不自由な動作が動作訓練で改善するという経験を積むなかで、一九七〇年代半ばには、病院や心理相談室において、神経症のひとにみられる書痙やからだのまひの問題に動作訓練を用いるという試みがなされ、その効果が示されるようになった[10]。そこでは、心理的要因で起こっていると推測される手の震えやからだの一部がまひして動かせないという問題への援助として、抑圧された無意識の解明やカウンセリングでいう洞察を扱うのではなく、クライエントが自分のからだに向き合い、硬く固まっている自分のからだを弛めていき、リラックスしたからだの感じを味わい、力まないで適切な力を入れながら充分にからだを動かしていくということが目指されたのである。クライエントはそうした動作体験のなかで、からだの感じを通して、強いこだわりを持って生きている自分に気づいたり、余分なことは考えずに集中して動作をしているその体験から焦らずに生きていけると実感したり、以前の不快な自体感（自分のからだの感じ）とは違うところの肯定できる確かな自体感を体得したりして、自分を変えていったと考えられた。

このような検討を通して、動作法は、心理職の専門家や医師等によって、心理的問題が動作上の問題として特には現れていないクライエントにおいても適用されるようになり、効果を明らかにしていった。また、蒲原[11]や鶴[12]は、長期間にわたって入院している統合失調症のひとに動作訓練を適用した。そこでは、統合失調症のひとが自発的活動を高めて現実適応的な活動をなし、自閉性行動を改善し、幻聴や妄想をコントロールしていくことがみられた。こうして、動作法の適用が心理援助法・治療法としての実績をあげるようになったことから、先に述べたように、動作法による心理療法を動作療法と呼ぶこととなった。以来、動作療法は、多様な心理的問題に適用され、その適用の対象、インテークの仕方、動作のアセスメント、動作面接への入り方、動作法の用い方、動作面接のプロセス、セラピストの役割、動作療法の効果等々の検討をし続けてきている。

●臨床動作法適用の広がりにみる日本的心理療法

現在、臨床動作法は、心理臨床家、教師、医師、看護師、保健師、助産師、精神保健福祉士、理学療法士、作業療法士、介護士などのいろいろな領域の専門家によって実践され研究されている。またその適用は多方面にわたり、統合失調症や神経症、うつといった症状で悩んでいるひと、あるいは、アトピーや脱毛、肩凝りや腰痛で悩んでいるひとへの心理療法として展開している。また、歯科関係では歯のかみ合わせの改善に用いられている。

乳幼児を対象とした赤ちゃん動作法や幼児動作法は、保健所や小児科、保育所、幼稚園などで行われている。教育の場では、先に述べた障害を持った児童・生徒への支援を始め、通常クラスの全員の子どもを対象とした、姿勢教育、いじめ予防プログラム、主体性や自律性を育てるプログラムなどが行われている。また、スクールカウンセリングの場における適用や、自宅を訪問しての不登校やひきこもりの子どもへの支援等々がなされている。

また、虐待されている子どもや大人への支援として適用されるだけでなく、虐待することや暴力を振るうことで悩んでいるひとへの支援にも用いられている。職場のメンタルヘルスとしては、教師や看護師、心理職者等の対人援助職者における心理的疲労や消耗への支援として、また、復職支援プログラムとして適用されている。高齢者施設では、高齢者の健康動作法として、また、認知障害の予防や改善を目指して実施されている。臨床動作法に関わる研究者や実践者により、一九九三年に日本臨床動作学会が設立され、その実践と研究が進められている。

このように、臨床動作法が多方面に適用されるようになったのはなぜかと考える時に、日本では、自身を振り返り自分を変えていこうとするにあたり、からだを通して精神のあり方を向上させ確たるものにしていくとする土壌がすでにあったからではないかということが浮かぶ。からだを使っての修練でしかその道を求められないところの禅や武道、芸道、茶道、華道等への親和感は、その典型であろう。一方、日本語には、からだ言葉が豊富であり、それらには絶妙にこころの在りようを映し出しているものが多いという。「からだに聴く」「姿勢を正す」「頭を絞る」「長い目で見る」「背に腹は代えられない」「肝がすわる」「腰を据える」等々という表現に馴染んでおり、心理臨床の場でも、「頭に来る」や「胸がざわつく」「肌が合わない」「足が地につかない」「押しが弱い」等々によって心情が表現されている。観念的表現よりもからだで感知した感覚的表現を育ててきた土壌も、臨床動作法が生み出され、受け入れられてきた要因になっていると考えられる。

筆者は臨床動作法研究の仲間と、二〇一一年と二〇一四年に、International Congress of Body Psychotherapy（ボディサイコセラピー国際会議）においてDohsa Therapy（動作療法）のワークショップを行ってきた。そこでは、参加者から動作療法の実技体験としては好評を博したが、その考え方、理論は伝わりにくい感があった。この大会の参加者の多くは、からだのそれぞれの部位そのもの、あるいはその機能、からだの動きや行為、行動にどのような心理的意味があるのかに関心が高いという印象を持った。臨床動作法では、肩を上げたり、腰を曲げたりするが、そこに、ボディランゲージ的意味や深層心理的意味を見ようとするのではなく、実際に展開している心身一元現象を扱うなかで、肩を上げる動作にそのひとの生き方としての体験様式を見ようとしているのである。

臨床動作法について、カウンセリングを求めてきたクライエントに対してどうやって臨床動作法に導入するのかという質問を受けることがよくある。臨床動作法では、たとえば、「苦しくなっているからだの感じや動作の不調を、まずは、よい感じや順調なものに変えていって、からだとこころを整えていきましょう」といった導入で始めていく。ほとんどのクライエントは、そうした導入でそれぞれの納得をなし、臨床動作法に取り組んでいく。先に述べたところの、からだで感じ、からだで体験し、からだを通して自己を変えていくという、人間形成にあたっての日本人のなかにある心性が、臨床動作法を育んできたという感が強い。

●心理リハビリテイションとしての展開

一九六三年に臨床動作法のきっかけが産み落とされ、脳性まひのひとへの催眠法による機能訓練として研究プロジェクトが立ち上がった。そして、今日の動作法および臨床動作法として発展したのであるが、その初期のまだ「動作」という概念に至っていない一九六七年に、「心理学的リハビリテイション」という呼称が生まれた。

当時は、催眠中に、脳性まひ児（者）が不自由な肢体を弛緩させたり動かせたりするということが実験的にも明らかにされていた時期であった。そうした一九六七年に、京都国際会議場で、The International Congress of Psychosomatic Medicine and Hypnosis（心身医学および催眠に関する国際会議）が開催されることになり、成瀬は主催者の一人として、脳性まひ児（者）への催眠法によるリハビリテイションとしてシンポジウムを組むことにした。そのシンポジウムの主題の検討において、その国際会議の会長で、当時九州大学医学部心療内科の教授であった池見酉次郎から、単なるリハビリテイションでは面白くないから、Psychological Rehabilitation にしてはどうかという提案があり、「心理学的リハビリテイション」ということばができあがったということである。[13]

この名称は、心理学に基盤を置くところのからだを動かす心理活動にアプローチするリハビリテイションという意を有するものであった。その用語にはやや硬い印象があったため、一九七三年に、実践と研究の拠点としての研究所を設立するのを機会に、「心理リハビリテイション」と改称し、心理リハビリテイション研究所を開設した。それ以降今日まで、心理リハビリテイションは、動作に何らかの問題を持ったひとにおける動作特徴の解明と動作不自由の改善に関するところの理論と方法、および普及をも含めた全体的体系を現す用語となっていった。先に述べた臨床動作法の歴史は、催眠法による脳性まひ者の動きの改善研究から始まったものが動作療法にまでも展開していったという一連の筋で紹介したものであるが、その展開は、心理リハビリテイションとしての今日までの流れと重なり合っているものでもある。心理リハビリテイションとしての特徴の一つは、一九七六年に学術団体として「日本リハビリテイション心理学会」を設立する一方で、心理リハビリテイションという活動を推進する活動体制を形成してきたことにある。この活動体制の中に、日本的心理療法としての要素があるのではないかと考える。

●心理リハビリテイションと日本人の心性

インターネットで「心理リハビリテイション」を検索してみると、「心理リハビリテイション・キャンプ」や「○○県心理リハビリテイションの会」、「心理リハビリテイションの会・全国大会」等々が出てくる。ここで、まず、心理リハビリテイション・キャンプについてみていく。心理リハビリテイションという言葉が生まれる前、催眠法を使わなくなったときから動作改善の実施は集団療法の形態で行われるようになった。

それは、トレーニーとトレーナーがマン・ツウ・マン方式でペアになり、そのペアの五組を一人のスーパーバイザーが担当し、そのグループがいくつかあって、総合指導者一人と運営マネージャー、スタッフがいるという構成が基本であった。この形式は、通所でも行われたが、キャンプ方式で行われることが中核となっていた。その方式は、集団で、一定期間、一定の場所で生活を共にしながら集中して訓練を行うというものであった。キャンプというとテントを張ったレクリエーションとしてのものを思い浮かべるかもしれないが、ここではプロ野球選手の合宿練習の時にいうところの「スプリング・キャンプ」に近い意である。

キャンプ方式をとったのは、トレーニーが新しい有用な動作を体得していくには、週に一回という間隔ではなく集中的に訓練するほうがより効果が上がると分かったことが大きかった。また、集団療法の要素を生かして参加者の意欲を持続させることや全国からの研修の要請に応えることもキャンプ方式に至った要因であった。キャンプの期間は、八日間や一〇日間などが試みられるなかで、七日間が定着していった。キャンプの場所は、福岡県の山村近くにあるやすらぎ荘という施設を本拠地として行った。

このキャンプ方式には、トレーニーの保護者も参加することが前提となっていた。訓練キャンプは、参加者全員がそれぞれのプログラムのもとに活動することになっていて、一日に三回の動作訓練のほか、トレーナー研修、昼寝、遊びを中心とした集団療法、「親の会」というプログラムが連続的にあり、暇を持て余す時間はない仕組みになっていた。親の会では、グループカウンセリング的要素を取り入れた話し合いのほか保護者同士も動作訓練を学ぶプログラムになっていた。家に帰ってからの自宅での親子訓練に備えるためであった。そうしたキャンプをやっていくなかで、参加した保護者や同じ地方の研修者から、自分たちの地方でも訓練キャンプを開催したいという相談が出てくるようになった。そうして生まれたのが、キャンプの開催を目的に組織された「福岡あゆみの会」、「八起会（岡山県心身障害児・者家族会）」、「熊本心理リハビリテイションの会」、「三重県心理リハビリテイション連合会」、「長野県心理リハビリテイションの会」などである。これらの会の多くは、保護者が会長となりトレーナーである教師や学生、ボランティアが訓練会や心理リハビリテイション・キャンプの運営をサポートする体制であった。各地での訓練キャンプは、原則、先に述べた形式通りに行うことが求められ、一定の基準を満たせば心理リハビリテイション研究所によって「心理リハビリテイション・キャンプ」として認定された。この心理リハビリテイション・キャンプは、短期間に、全国各地に拡がっていった。

全国の心理リハビリテイションの会のメンバーをはじめとして、トレーニーも含む心理リハビリテイション関係者が、年に一度、大会を開くのが「心理リハビリテイションの会・全国大会」である。平成二八年度には、山形県で第四二回大会が開催された。この運営も保護者とトレーナーである教師たちとの協力のもとで進められる。特に運営資金の調達には、保護者が力を発揮する。保護者は自分たちが開く全国大会を成功させるために数年前から準備するのである。大会では、保護者も、時にトレーニーも、シンポジウムで話題提供をなし、体験発表のプログラムでは貴重な体験を報告する。また、研究発表の部会にも出席し質問したり意見を述べたりする。この大会には、東南アジア諸国にある心理リハビリテイション・キャンプ開催団体も参加し、体験発表や研究発表を行う。参加者が分け隔てなく、すべてのプログラムに参加できるのが特徴であり、懇親会は大いに盛り上がる。

心理リハビリテイションは、それぞれの地で、動作訓練を中核にして集まった人たちの熱心な活動のもとに発展してきた。研究者や実践者の活動のみでは、こうした独自な形態の活動は生まれなかったし発展もしなかったであろう。各地での心理リハビリテイション・キャンプや訓練会運営にはいろいろな苦労があったはずであるが、同時に子どもの障害の改善や人と人とのつながりなど、喜びや人生の貴重な体験があったといえる。このような心理リハビリテイション活動を四〇数年にわたり続けられているのは、日本人の特性に支えられてのものではないかと考えるのである。

つまり、先に述べたように、まずは、頭で理論的に考えて事（こと）をなしていくという活動よりは、からだを動かし体得的に感知して事（こと）をなしていくという活動を得意とする日本人的特性が、体感的な要素の強い動作訓練の発展を支えたのではないかと考えられる。そして、その実践の広がりにおいては、日本人の真面目さや規律を受け入れ和を尊ぶ心性、自分の役割を果たす責任感や達成に向けての志向性などが働いたといえる。日本人の集団性というとマイナス的意味にとられることがあるが、心理リハビリテイションには、集団スポーツで一つのことを成し遂げていくときの日本人的集団活動心性に通じるものがあるといえよう。

臨床動作法の技法――型から入り型から出る

臨床動作法で行う動作は、自由にからだを動かしてよいという動作ではない。動作課題として、動かし方は一定に決まっており、その型通りに動かしていく動作である。

動作訓練の開発初期の過程で、脳性まひの子は、その障害ゆえに適切な動きのパターンを獲得しにくい状況があって、そのなかで何とか動かそうとして、ある意味、自分で自由に動かす努力をした結果、動作としては不全な学習となり動作不自由になっている側面が大きいことが分かってきた。そこで、適切な動作の学習としては、型から入り型から出る学習原理によって、動作訓練を進めていくことになった[7]。この学習原理の背景には、日本でのからだを動かす諸芸道や武道に見られる「型」の重要視があったかもしれない。

芸道や武道も型から入り型から出ることが目指されており、臨床動作法も同じく、型の上達の先には型からの自由があるわけである。本稿では、この型が、臨床動作法では、特に動作療法では、どう位置づけられているのか、どう扱われているのか、セラピー的意義は何かについて検討していきたい。しかし、それを論じる前に、臨床動作法における理論的背景を述べ、「型」の理解に資したい。

●体験治療論と課題努力法

成瀬[14]は、ひとは、一瞬一瞬の体験を重ねながら生きている存在であるとし、ここでいう体験とは、自分が主体的な活動をしているそのときの「感じ」であり、知、情、意とされる意識や感じといった主体活動の全般にわたる心理過程を、認知的、認識的側面においてとらえたものであるとした。そして、この体験をその内容と様式（仕方）という二つの側面に分けてみることを提案した。体験の内容とは、その対象である具体的な内容を指しており、体験として認知している内容をいう。それに対して、様式とは、内容をどんな仕方で体験しているかを指し、ものの見方や感じ方、考え方をいうとしている。

たとえば、「友達と映画のことをしゃべっている」という体験をしているとき、体験の内容は「映画のシーンを思い出しながらしゃべっている」ということになり、その時に「（おしゃべりを）楽しんでいる」と感じている側面は、体験の仕方となる。この体験の仕方は、同じく映画のシーンを話していたとしても、「映画の（はなしに）気が乗らない」という体験の仕方となったり、「（相手に）いらついている」といったものになったりする。

上記を踏まえての成瀬の体験治療論は、心理臨床では、クライエントの体験の仕方（様式）に焦点を当てて援助することが中核であるとするものである。心理面接の場で、クライエントは、日常生活の中での困っている問題を語るが、そこでの心理臨床上の問題は、クライエントが体験した内容ではなく、その内容を体験したときの当人の活動様式ないし仕方にあるという見方である。たとえば、「ひとの眼が気になってうまく話せないのでどうしたらよいか」という相談のとき、「眼が気になる」「うまく話せない」が内容であり、そのときの「気にする」「こだわる」「緊張する」「焦る」という体験は仕方ということになる。この時に、クライエントの日常生活における体験が臨床上より望ましい方向に変容するよう援助するには、体験の内容よりその仕方（様式）を変えていく援助が重要となるのである[15]。

成瀬は、体験治療論と共に課題努力法についても述べている。それは、心理療法を、セラピストがクライエントに何らかの課題を出し、それに対してクライエントがそれを達成しようと努力し、その努力過程で自分にとって有効な体験をなしていくプロセスとみると、それは課題努力法といえるというものである。臨床動作法の理論と方法は、体験治療論と課題努力法に基盤をおいている。

●臨床動作法の考え方

臨床動作法では、ひとりの人間として生きて活動しているその存在を、「こころという側面からみる」「からだという側面からみる」「動作という側面からみる」というように便宜的に分けてみながらも、それらはいつも一体的に活動しているとみていく。

そのうえで、ひとの日常活動は「動作」に支えられており、動作しないでは生きていけず、動作抜きには生活は成り立たないゆえに、動作は人が生きていく基盤であると位置づけている。そして、臨床動作法の特徴は、心理療法の手段として、ことばではなく「動作」を用いるところにある。音楽療法が音楽を、絵画療法が絵を、箱庭療法が箱庭を用いるのと同様である。

ひとのからだは、勝手に動くことはなく、私がからだを動かそうとし、動かす努力をするから、からだは動くわけであるから、「動作」が生じる過程は、心理的活動の過程といえる。そして、動作としての心理活動は、いつも意識的になされているわけではなく、むしろ無意識的になされていることが多いということも、臨床動作法の理論的基盤となっている（ここでいう意識的・無意識的は、意識される明瞭度の程度を意味する）。

臨床動作法は、長年の動作とこころの活動についての実践と研究から、動作に不調があるときはこころの活動にも不調があるという結論を得ている。普段の生活の中では、多忙に紛れて、動作の不調に気づかず、あるいは気づいても無視することが続くと、徐々にこころが疲れ切って、からだもこころもうまく活動しなくなり、突然のようにうつ状態になることがある。その反対に、こころの不調に気づかず、あるいは気づいてもそれに向き合うことを回避している場合は、回避のためにからだに無理な力を入れることになり、それが蓄積し限度に達し、突然、からだにしびれが出てきて動かせなくなったりするということもある。こうしたことから、こころの活動の不調は、必ず動作の不調として現れるということが、臨床動作法の基本仮説となっている。

ゆえに、臨床動作法では、ひとが悩みや問題を抱えて困っている状態は、こころの活動と動作活動とが重なり合いながら不調和を起こしている状態であるので、動作の不調の側にアプローチして新しい調和の取れた活動ができるようにしていくならば、こころの活動と動作活動は調和を取り戻すとしている。なぜ、動作の側からアプローチするかといえば、先に述べた体験の仕方は動作に如実に現われるゆえである。体験の仕方は無意識的に展開していることが多いので、こころの活動においては、はっきりとは意識されにくく、意識的活動の陰に隠れてしまいやすい。しかし、無意識的になされていく動作活動の過程には、無意識的体験の仕方が動作の仕方になって具現されているゆえ、動作を通して体験の仕方を扱いやすくなるというわけである。

●動作療法の実際

臨床動作法のなかでも心理療法として行うところの動作療法を例に、心理面接としてどのように進めていくかについて、その最初を述べていく。

［インテーク面接］

インテーク面接では、一般の心理療法のはじめと同じように、相談内容と年齢、職業、家族などの情報を聞き、動作療法を行うことについて説明する。クライエントの受け入れのもと、動作療法の立場からのインテークに入る。つまり、動作の不調について、どういうことがあるかについて聞いていく。クライエントが思いつくままに応えられるように聴くことを大事にしながら、必要にそってセラピストの方から次のような不調があるかどうかについて問うていく。

・からだの感じ：重い、だるい、こわばる、緊張したとき固まる
・からだの痛み：肩こり、頚が痛い、脊が張って痛い、腰痛、頭痛、胃・腹痛
・動きの感じ：手が震える、からだが勝手に動く、からだが動かしにくい
・姿勢：頚前だし姿勢、円背、腰反り姿勢、膝曲がり姿勢
・立位・歩行：ふらつく、立ち上がれない、立てない、歩けない

右記の項目については、すべてについて問うのではなく、該当しそうなことに見当をつけて聞いていく。

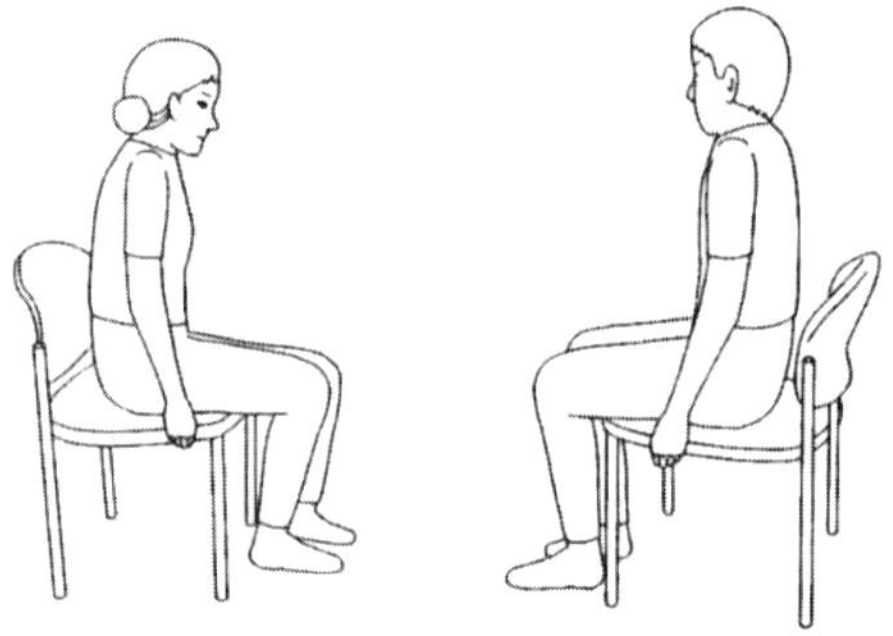

図1　肩上げ動作課題[16]
向かい合ってイス坐位で肩上げ動作をする

［動作アセスメント］

相談内容から、心理テストを用いたアセスメントが必要であればそれを行うが、それとは別に、動作アセスメントは必須となる。動作アセスメントは、入室の時からの姿勢や動作の観察から始まる。その観察とクライエントの語る動作不調の特徴から、動作アセスメントのための動作課題を設定する。それは、動作療法で用いる動作課題のなかから選ばれる。

たとえば、入室時にうつむき加減に身を固くして入ってきたクライエントが、対人不安があり、胸が締めつけられる感じで苦しいと話した場合の動作アセスメントでは、まずは、肩上げ動作を提案することになる（図1）。

それは、前屈みで肩をすぼめ加減にしている様子から、日常的に肩を前にすぼめるような力を入れると同時に前屈みになる力を肩や背に入れていると推測できるからである。また、そうした姿勢が常態となっていれば、心理的に胸が苦しいというだけでなく、体感としても胸部に圧のかかった不快な感じが生じているのではないかという推測が出てくるからである。

セラピストは、自分の肩を上げて見せて、〈肩を真上に上げてみましょう〉と誘っていく。クライエントが戸惑いながらも少しずつ肩を上げる様子や、頭を下げ頚にも力を入れながら肩を上げていくが途中で止まってしまう動作、肩を上げるときに背が丸くなり腕が左右に開き肘が曲がってしまう動作等から、動作上の問題と体験の仕方から見た問題を見当づけていく。

肩の上げ方が弱々しく途中までしか上げられないという動作の不調には、能動的で主体的な体験の仕方の弱まりや自己の確かな感じ（自己確実感）の弱まりが見られる。肩を上げるには肩だけを動かせばよいところを、背を丸め腕を横に広げねば肩を上げられなくなっている動作の不調からは、不慣れなことをしようとするとき、必要のない部位にも無意識的に余分な力を入れてしまい、からだ全体を緊張させて対応するという体験の仕方がうかがえる。からだを適合的に動かせなくなっており、動かす時の自体感や現実検討感が弱まっていることがわかる。

動作アセスメントでは、さらに、〈私が後ろに回って、あなたの肩を持ち、肩を上げるのを手伝ってみましょう〉といって断り、実際に肩を持って、一緒に、肩上げ動作を行って、動作の様子を見ていく。セラピストの手が肩に当たったことで、クライエントのからだにわずかな緊張が走る感じがセラピストの手に伝わってくる。収まるのを待っていると、クライエントは、肩を上げはじめるが、肩にジワッとした、強くはないが慢性化した筋緊張（以下、緊張）があることが伝わってくる。そうした様子からは、日常生活において、不安感や緊張感が恒常化されていることがうかがえる。一方で、クライエントからは、肩を上げるに際して、相手から手伝われるその援助をうまく受け入れられなくて戸惑っている様子と、それに続いて、相手の手があることから、先ほどよりは自分の肩にピントを当て、注目しながら上げるという努力をしていることも伝わってくる。そこには、戸惑うだけに終わらず自分のからだに向き合い、相手からの課題を自分の課題として成し遂げていこうとする意欲も弱くはあるがうかがえる。

こうした肩上げ動作のアセスメントから、体験の仕方としては、自体感の不確かさや現実検討感の弱まり、恒常的な不安感や緊張感、事（こと）に向き合う際の戸惑い感（不確実感）が、体験の仕方の問題となる。上記のクライエントの動作アセスメントとしては、姿勢・動作の観察により、肩部位だけでなく胸・背や腰にも動作不調がうかがわれるとすると、背反らせ課題や腰前曲げ課題を行い、そこでの動作の特徴を見ていく。

［動作課題について］

臨床動作法の動作課題の代表的なものは、左記の通りである。動作アセスメントにおいてもセラピーにおいても、クライエントの動作状況にそって、左記の動作課題からいくつかの動作課題が選ばれる。必要に応じて、それ以外の動作課題が設定されることもあるが、基本である左記の動作課題が中心となる。臨床動作法における「型」を論じるとき、この動作課題で要請されるところの「規定通りのコースにそって自分のからだを動かす」という設定が意味を成してくる。

動作アセスメントでは、いす坐位での両肩上げ課題を用いたが、セラピーとして肩上げ課題をする場合は、あぐら座位が基本であり、右ないし左の片方の肩上げ課題から始めて、それぞれをある程度うまくできるようになってから、両肩上げに進んでいく。クライエントが緊張していたり防衛的になっていたりする場合などは、抵抗の少ない椅子座位での動作課題から入って、クライエントの動作特徴を把握し援助していくという選択も有効となる。

①坐位（あぐら坐位、いす坐位）での動作課題

腰曲げ：前曲げ、右前曲げ、左前曲げ

背反らし、背曲げ

肩上げ：右肩上げ、左肩上げ、両肩上げ

肩（肩胛骨）開き：両肩開き、右肩開き、左肩開き

腕挙げ

体軸治し（体軸づくり）

②仰臥位での動作課題

両脚を立てた腰回し：右ヨコ回し、左ヨコ回し、左右ヨコ回し

③側臥位での動作課題

躯幹の捻り

④膝立ち位での動作課題

体軸治し（体軸づくり）

股関節部位曲げ－戻し

重心移し

片膝立ち：前脚・足乗り、後脚・足乗り、股関節部位伸ばし、前足首曲げ

⑤立位での動作課題

体軸治し（体軸づくり）

両膝前出し－立ち上がり

片足上げ：右足上げ、左足上げ、左右交互片足上げ

脚・足の踏みしめ：右脚・足の踏みしめ、左脚・足の踏みしめ、両脚・足の踏みしめ

前傾直立立ち

⑥歩行での動作課題

足踏み、小幅踏み出し

［見立て］

インテーク面接と動作を中心としたアセスメントから、不調な動作を特定し、その動作をバランスの取れたものに変えていくための動作課題を決定する。クライエントが、そうした動作課題を行っていく過程で、動作課題の実現に向けて様々な努力をしていくならば、その過程で、動作不調として現れていた不適切な体験の仕方は改善されていくと、見立てていく。さらには、その動作努力過程で、新たな適切な体験の仕方も体得して、日常生活におけるそれまでの体験の仕方を変えていくであろうから、相談内容としての問題は軽減し解消していくと、見立てる。

クライエントにおいて、動作努力の過程とは、まずは、援助を受け取り活かすなかで、頚や腕に入れていた随伴的緊張を入れないように自己コントロールしながら、自体に向き合い肩を動かしていく過程となる。そして、自分が自体に働きかけて、肩だけを真上にゆっくりと上げていくという課題通りの動きになっているか否かを現実検討しながら動かしていく。そうして動かしていくなかで、肩にある慢性緊張の存在に気がつき、その慢性緊張を弛めていけるように、弱い力でじっくりと肩を動かしていく。慢性緊張が弛む感じが出てきたら、その感じを保持しながら、課題にそってさらに動かしていく。すると、また、慢性緊張の存在が明確になる。適切な注意集中の仕方のなかで、動きの方向・速度・力の入れ方等の適否を検討しながら、一方で、腕を横に広げたり肘を曲げるなどの随伴的な動作や緊張の出現にも気を配りながら上げていく。

この動作の最終的に目指す地点は、肩を真上に上げるに際して、慢性緊張を適切に処し、随伴緊張や動作をコントロールしながら、肩を楽に充分に上げられるようになることである。それに加えて、課題の型どおりの動かし方の習得の先には、自在に動かすという課題もある。つまり、自在に生きるということに繋がるところのものである。

●援助過程にみる型

[導入]

クライエントがある程度納得して、その動作課題を受け取り動作を行っていくと推測されるころの、具体的動作課題を設定する。まずは、その動作課題をわかりやすく説明し、試しに行ってみる。例えば、「肩（肩胛骨）開き」（図2）という動作であれば、セラピストが目の前で、肩を後方に反らせてみせて、それから一緒に行うという手順をとると理解を得やすい。

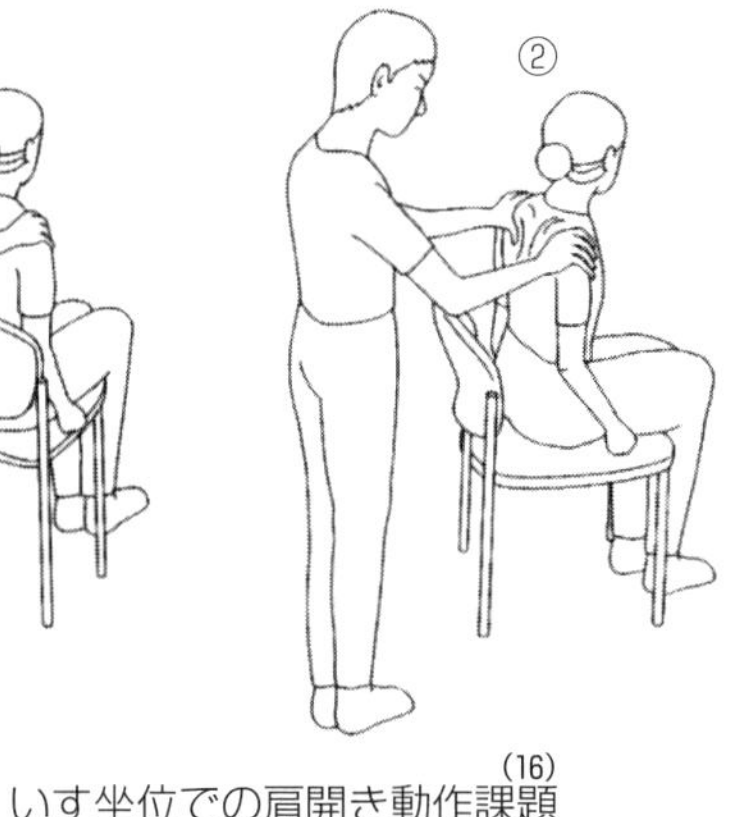

図2　いす坐位での肩開き動作課題[16]
①両肩を持つ　②両肩を回すように動かす

クライエントが試しに行った後、セラピストがどういう援助をするかについて説明し、実際にクライエントの肩を持って肩開きの援助をしてみる。ここまでは、試しであり、予行として行う。それが済むと、動作課題にそった規定のパターンの動作を援助しながら行っていく。つまり、クライエントは、一定の「型」としての動作の実現に向けて努力していくことを要請される。その動作の仕方は、動かす部位のみを、定められたコース通りに、一定の力で、一定の速度で動かしていくというものである。

クライエントは、神経過敏になっている場合や、やる気のなさ、不安、焦り、意気込みなど、いろいろな心理状態にあるので、それらには十分に理解をしながら援助していく。しかし、注意しなければならないのは、この援助において、動作課題の持つ動作パターンすなわち「動作の型」は崩さないことである。つまり、動作パターンで求められている動作がクライエントにとって難しいからといって、その型をクライエントがやりやすいように崩さないことである。

やりやすく自己流に動かすというその動かし方は、これまでの体験様式による動かし方によっており、そうした自分勝手な動かし方を行っている限り、体験様式を変え得る動作体験とはならない。クライエントにとって動作課題が難しい場合は、その難しさに応じて、セラピストが補助的に動きを手伝って援助していく。これは、クライエントにとっては、他者から動きの援助を直接的に受けていることになるので、他動的援助と呼んでいる。特別の場合を除き、動作援助は、「他動」ではなく「他動的」であることが肝心なところで、クライエントのからだを動かす「主体的活動」を後押しするような援助になっていることが重視される。

課題通りの動作を少しでも実現することを要請されるゆえに、その動きのコースから逸れた動きをする自分に気づくし、逸らさないように動かしていくにはどうすればよいかを自分に問い努力していくことになる。

[動作課題達成への取り組み]

セラピーとして、動作課題に本格的に取り組むことになると、からだの慢性緊張にぶつかり、動きがそこで止まってしまうことがでてくる。慢性緊張の典型のひとつが肩凝りと自覚されるところのものである。この慢性緊張を自己弛緩しながら、コースにそって動かしていくことが課題となる。

慢性緊張のところで動きが止まった時、その慢性緊張を避けるために動きのコースを逸らせて動かそうとする。大きく動かす、たくさん動かすといった、目に見える成果にとらわれて、あるいは現実逃避の体験様式に動かされて、型から外れた動作をしていくことになる。結果として、慢性緊張はそのまま残り、動作不調の根本的問題を避けた活動に終わることになる。しかしながら、慢性緊張を避けるという活動は無意識的なものであり、気づかれていない場合がほとんどである。つまり、日常生活で問題となるところの回避という体験様式が気づかれていないのと同じである。

ゆえに、援助としては、クライエントが慢性緊張にぶつかったときにそれを無意識的に避けるのではなく向き合うようにしていく。つまり、セラピストはクライエントのからだを持っている手に適切に力を入れ、動作パターンの型から逸れる動きを止め、そこで慢性緊張に向き合えるように、その部位の自体感への注意を促すのである。すると、多くの場合、クライエントは、固さの感じや詰まっている感じ、つっかえている感じとして実感していく。

慢性緊張の自己弛緩は、慢性緊張の存在を体感するところから始まる。慢性緊張を弛めるには、慢性緊張にぶつかったところで慢性緊張を受け入れ、こうして待ってからだに任せながら弛めていこうという気持ちで対応することになる。慢性緊張には痛みが伴うことがあるので、受け入れて待つというのは容易ではないが、そこに、セラピストがいて、痛みに共感し慢性緊張が緩むのを共に待つからこそ、自己弛緩の実現をなしていくことができる。セラピスト側からいえば、クライエントのからだを持っている自分の手に、クライエントの自体感と動作感が脈々と伝わってくるゆえに、手からクライエントに動きの方向を指し示し、クライエントが動かす力の加減を伝えていくことができる。

［動作過程で体験すること］

① 自分のからだに向き合う、自分に向き合う体験

動作過程で、クライエントはどういうセラピー体験をするのかについてみていく。

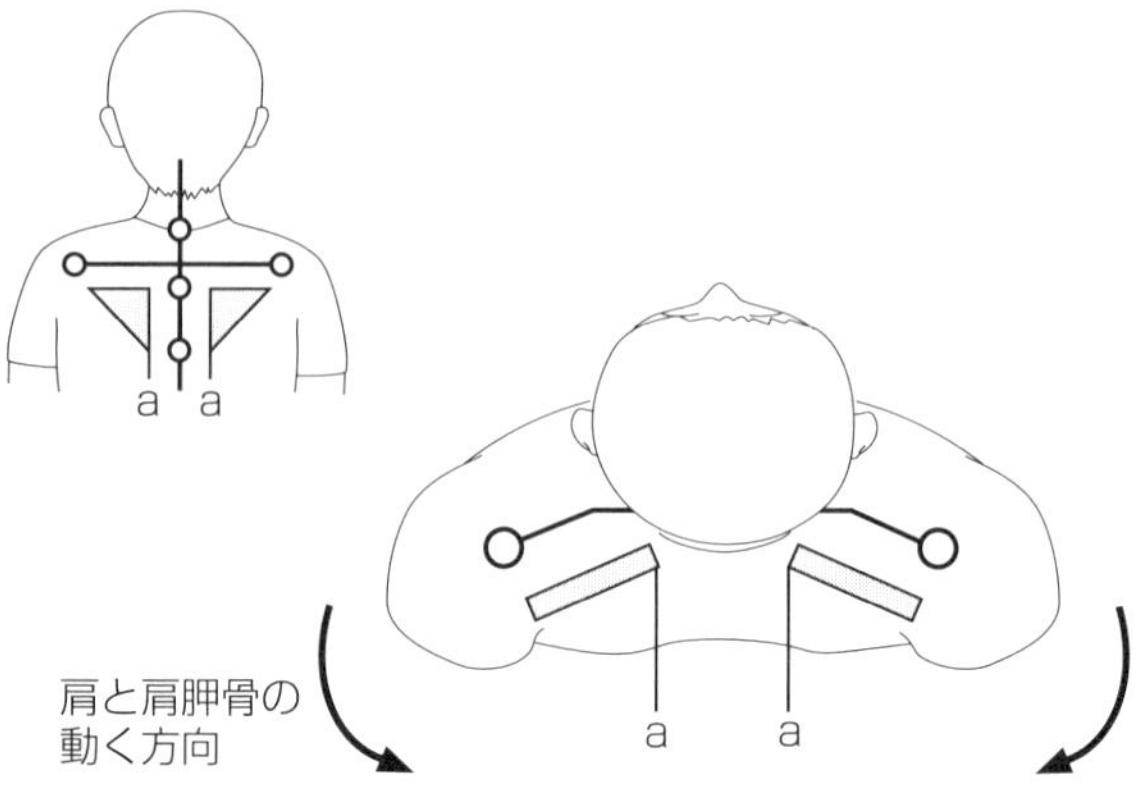

肩と肩胛骨の
動く方向

図３　肩開き（肩胛骨部位の開き）

肩開き動作課題は、実際は、肩胛骨部位を動かしていく課題である。クライエントの多くには、肩・背に強い動作不調がみられる。肩凝りとして認識されている場合が多いが、なかには、肩・背に強い慢性緊張があっても、「肩凝りはない」「なんともない」とその存在を実感していないこともある。

肩開き動作課題では、まずは、肩胛骨部位を動かす動作であることを、クライエントに理解できるように説明しなければならない。肩胛骨の存在は、普段はほとんど意識されていないので、その実感も薄い。そこで、セラピスト自身の肩胛骨を示して、少し上下に動かしてその存在を見せると、クライエントは、自分の手を後ろに回して、触って、「あー、肩胛骨ありますね！」と肩胛骨があることを実感していく。自分の実感の薄いからだの部位に注意を向け、改めて実感していくこうした動作体験は、自分の関心の向いていない部分に注意を向ける体験となる。すなわち、それまでに向き合っていなかった自分に向き合う体験に繋がっていく。

肩開き課題は、あぐら坐位で座り、その左右の両肩胛骨を後方に開くように動かす課題であるが、その説明はなかなか難しい。イメージ図にすると図3のようになる。一応、説明した後、実際に、図2のようにクライエントの背側から両肩をもって、動きの方向を説明していく。つまり、肩胛骨の背骨側の端に沿った縦のライン（aのライン）を支点にして肩胛骨を後方に開くように動かしていく動作となる。

この動作は、なかなか難しいので、援助者からの他動的援助の程度も大きくなる。援助者はクライエントの肩を持っている手から、肩を開く方向に少し強い力を入れ、クライエントには、〈自分で動かそうという気持ちを少し弱めて、からだが援助を受け入れるのに任そうと思っていると、少しからだは動いていきますよ〉といって援助する。この時、援助者の力で動かされてしまったというのではなく、クライエントが援助を受け入れたので動かせたという体験にしていくことが大事である。この体験は、からだに任す体験、すなわち自身の半ば無意識的活動に任せる体験の仕方となる。

②　随伴緊張の処理と随伴動作のコントロール

どの動作課題でも同じであるが、動作を始めるにあたっての準備姿勢がある。ここでは、大地に対して、上体が真っ直ぐに位置づけられた姿勢である。なかなか真っ直ぐとはいかないが、その時にできる真っ直ぐの坐位を保って行う。

「肩と肩胛骨を後方に動かしていく動作をしましょう」とセラピストがクライエントの肩を持って、自分で動かせるところまでは動かしていくように伝える。すると、肩は少し動くが、同時に、腕を後ろに引いたり、首を後ろに曲げたり、背を反らすなどの随伴動作が生じる。これも、型から外れた動作であるので、クライエントは自分でコントロールしなければならない。随伴動作が生じるということは、クライエントが腕や首、背などに自分で無意識的に力を入れているわけであるから、「肩と肩胛骨のところは後方に開いたこのままの状態を保持しながら、腕（あるいは首、背）の余分な力を抜いてみましょう」といって、クライエントが随伴緊張を抜くのを待つことになる。クライエントは、戸惑いながらも試行錯誤し、いつのまにか入れてしまった力を意識的に抜いていく。この随伴緊張の処理と随伴動作のコントロールは、無意識的にしてしまう不都合な体験の仕方を意識的に是正する体験の仕方となっている。

随伴緊張を抜き、随伴動作を処理できたところで、「それでは、一緒にもう少し動かしてみましょう」というと、クライエントは少し動かしていく。しかし、動きはすぐ止まり、動かせなくなる。その動かせなさは、慢性緊張によるものであるから、クライエントが自分のからだの中にある硬い緊張、すなわち慢性緊張に気づけるように援助する。慢性緊張の感じは、硬い、痛い、鈍いなどである。慢性緊張に気づけたら、一旦、肩と肩胛骨を元にもどしていくが、この時も姿勢は保持し、型を崩さないように、ゆっくりと下ろしていく。

ここでの重要な体験は、動作不調の根本的問題である慢性緊張への実感的気づきであり、慢性緊張の解消を自己課題にしていくことである。この硬さが弛めば、「気持ちよくなるだろう」「楽になるだろう」と思えれば強い動機づけになる。しかし、分からない、難しくてできない、怖い、という思いが出てくる場合もある。これらは、臨床動作法で出てくる現状からの変化に抵抗する体験様式によるものである。どの心理療法においてもこうした抵抗は出てくるものであり、この無意識的抵抗をクライエント自身が処理することへの援助が重要となる。臨床動作法では、この変化抵抗[17]という体験様式を変えていくために、まずは、無意識的に入れてしまう余分な緊張や、つい動かしてしまう不要な動きに気づき、自分で力を抜き、動きをコントロールしていくことに取り組んでいく。

③ 慢性緊張を実感し弛めて動かしていく体験

肩開き動作で、動きをじゃましている慢性緊張の存在が実感できるところまで肩を動かしていき、その位置で保持しながら、慢性緊張を弛めるという体験を援助する。慢性緊張を弛めるという感覚は、はじめは、なかなか分かりにくい。最初のうちは、なんとか動かそうとしてむやみに力を入れたり、肘を後ろに回すように動かして肩胛骨を動かそうとすることも出てくる。これらは、結果的には型から外れる努力の仕方であるので、そのコントロールに気持ちを向けるように援助していく。

随伴的に入れていた力を抜き、不要な随伴動作をやめると、慢性緊張の感じが浮き上がるように明確になってくる。そこで、慢性緊張に向けてそれを弛めるのに必要な力を保てるように、肩を持っているセラピストの手で援助しながら、次のように伝えていく。「弛むといいなぁという感じで、動かなくなっているところの、動きをじゃましている凝りみたいなものに注意してみましょう」「肩胛骨を動かそうとして入れている力が、その硬いところに当たるようにして保ちましょう」「そんなふうにして待っていると、ジーンとしたり、痛かったりしますが、その感じを避けずに受け入れ感じるようにしましょう」「待っていると、その硬さや、鈍い痛さといった感じが少し弱まってきます。それは緊張が弛んだということですよ」

こうして、慢性緊張を弛めることができると、弛めたところを動かし、さらに少し動かしていく。このような動作体験ができているときは、意志の力で何とかしようという努力は後退し、意識的には一定の努力をしながらも、その先は、からだに任せるという努力の仕方をしていく。そこには、自分の意志ではどうにもできないから、からだに任せようという自己選択と、からだに任せることによって目指すことが達成できるという、からだへの信頼感、変化可能感の体験がある。ここでの、からだに任せるという体験は、自己の無意識活動に任せるという体験である。

クライエントは、よくなった時に、「何かをしようとするとき、からだが先に動いているので、楽になった。以前は、しなければという思いがあっても、からだがついてこなかった」と語ることがある。生きていく日常の生活では、無意識活動の順調さがいかに大事であるかを言い当てているし、無意識活動はからだで具現化されていることを示している。

④ 肩をもどして、自体感、動作感を確かめる体験

肩胛骨を動かしていって、これ以上動かせそうにないところで、いったん肩胛骨と肩をもとに戻すが、この時も、ゆっくりと肩胛骨と肩の動きを感じながら戻していく。戻し終えると、そこで、姿勢は崩さず、すっかりからだの余分な力を抜く。戻しているその間も含め、戻し終えたときの自体感を感じていく。

肩や背、あるいは慢性緊張の部位に注目し、そこの感じを十分に感じるように伝える。「スーッと力が抜けていく感じ」、「フワーッと弛んでいく感じ」、「少し軽くなった感じ」、「ファーと広がった感じ」、「温かい感じ」などが体験される。その一方で、「痛みが残っている感じ」、「今まで感じていなかった肩凝りがはっきりしてきた感じ」、「そこだけ物体のようで自分のからだでない感じ」なども体験される。また、ここでも、「動かせなくてどうしてよいかわからなかった、不安になった」や「待っているとき、イライラした」、「硬い塊があって怖かった」など、変化恐怖、変化抵抗の体験もなされる。不安やイライラ、恐怖は、日常生活の体験の仕方の現れといえる側面も持っている。日常的に不安感を持って生活している、焦燥感、恐怖感のために生活上に問題が生じていると推測できる。

クライエントにとって受け入れられる自体感と動作感を体験した場合は、さらに動作課題に向き合い、さらによい体験になるように続けていく。しかし、変化抵抗のあるクライエントは、痛さや怖さを訴えたり、

自分の悩みを語り始めることで回避しようとしたりする。こうした場合、動作療法を適用する是非について、見立ての再検討を必要とする例もある。しかし、多くの場合は、乗り切らなければならない重要な場面であるので、動作に誘い、その動作過程で、セラピスト側からの援助を多く入れていく。そうすると自分で弛めた感じや動かした感じは少なくなるが、弛んだ感じや動いた感じは体験できる。結果としてのからだの感じは、変化抵抗があったとしても感じられることが多く、その自体感が変化抵抗を弱めていく。

肩開きをして、一旦、肩胛骨と肩をもとに戻した後、クライエントは、何も言われなくても、自ら自体感を味わうようにからだに注意を向けていく。動作中と動作後の体験が当人にとって意味あるものになっていれば、からだのありようである動作不調をより良いものに変えていきたいという変化志向感やこれで自分は変われるかもしれないという変化見通し感が生まれてくる。

⑤ コースにそって動かし、出てきた問題に対処していく体験

上述の要領で、動作課題にそって動かす努力を重ねていくと、その都度、硬さにぶつかったり、動かしにくくなるのでコースを外れて動かしてしまったりする。しかし、そのことにクライエント自身が気づきやすくなっていき、自ら修正し、半ば意識的でかつ無意識的な活動としてのからだに任せるという体験の仕方で、動かせていくようになる。ただし、この時、クライエントにとってもセラピストにとっても、油断は禁物で、うまく動かせたと思った動きは、わずかにコースから逸れていたということが少なくない。

動かせるようになると、早く課題の到達目標まで行きたいという願望が出てくる。そこで、クライエントなりの工夫をすることになる。その工夫が、コースに沿った動きの途中に出てくる動かせないところを迂回して動かしやすい別のコースに移って動かしていくというものになっていたりする。それは、はっきりと意

図的にやっているものではなく、達成意欲に駆られて、半ば無意識的に行っていることが多い。それは、コースの途中動作における現実検討をおろそかにするという体験様式になっているといえる。こうした体験様式は、日常生活では、事をなすにあたって細心の注意ができず大雑把に事をなすという体験様式と重なっていると推測できる。ゆえに、課題の到達目標に行きつくまでには、動作上での難所がその時々に出てくるので、それらに適切に対処していくよう努力していくことが必要になる。

肩開きであれば、そのコースはずれは、図3のように肩胛骨を開くのではなく、両肩胛骨を背骨のほうに寄せる動作に転換されることが多い。肩胛骨を開く動作は、動作課題として設定されているもののなかでも難しい課題の一つである。クライエントが苦労しているのをセラピストは助ける役割であるが、この課題を容易く行わせる援助は課題の性質上役に立たない。クライエント自身が、両肩胛骨が主役であることを明確に認識して、動かすコースを見定めて、適正な動かし方を探りながら動かしていくのを、後方から援助していくのがよい援助となる。つまり、意識的かつ無意識的な努力を主体的になしていくのを援助しなければならない。

難しい課題において、クライエントがコース外れに転換したとき、それが微妙であれば、セラピストの中に、これくらいは見逃して、クライエントの達成意欲を満足させたいという気持ちが湧いてこないとも限らない。しかし、動作療法で大事なことは、それを曖昧にしないことである。実生活での回避体験様式の改善を目指しているわけであるから、ここでは、回避したことをクライエントが自身に明確化する援助をしなければならない。難しいところで、ついコースを外して易しいコースを取ったということに気づかされたとしても、動作の上でのことであるゆえに、そのことに反省的罪悪感を持つことは極めて少ない。却って、気づくことができたことに、新鮮な驚きを伴った自己理解が進み、コースに沿った動かし方の工夫に臨んでいくことが多い。このあたりにも、動作療法として動作を扱う特徴がある。動作については、過去を振り返り悔やみ反省するという作業は伴いにくい。動作療法では、今の不調となっている動作体験の仕方を調和あるものに変えていくことを通して、クライエントを援助していくものである。

こうして、動作療法では、その動作課題の持っている目標に達するよう動作をしていく。どの動作課題でも、動かせる範囲いっぱいまで動かしての到達は難しいが、それで完成というわけではない。その動作が、意識しないでも、楽に自然にできるようになって、つまり、その動作が無意識化されて動作の型が身に付いて、初めて到達といえるのである。

日本文化にみる型と臨床動作法の型

日本文化というと、日本人が長年にわたって形成してきた芸術や学術、慣習、振る舞い等の体系を指すことになるが、ここでは伝統的な芸道に見る型を概観し、臨床動作法の型について論じたい。

芸道とは、芸を実践する道であるとされ、自らの身体を用いて実践し、その芸を通して自らの人間形成を追求するところのものとされる。戦闘のためのものであった武術も近代になり、術から道へと変遷し、武道は自らの心とからだを鍛え高めていくところのものとなった。源は、日本文化における「伝統」の一つの重要な要素として「型」の問題を詳細に取り上げている。[18] まずは、源の型論から入っていきたい。

●型について

源は、型について、人間の身体の運動によって形成されるものと、「パターン」「スタイル」といった西洋語の翻訳から生まれたもので「文化の型」といった用いられ方をするものがあるとして二種類に分けている。そして、前者は日本で伝統的に「型」として捉えてきたもので、日本文化を築いてきたものとしている。そして、「型」と「形」の関係については、「型」とは、ある「形」が持続化の努力を経て洗練・完成したものであり、機能性・合理性・安定性を有し、一種の美をもっている。さらにそれは模範性と統合性を具えているとしている。

さらに、この型を、「狭義の型」（基本型）と「広義の型」（複合型）に分けている。「狭義の型」は、身体の運動によって究極的には「心・技・体」の一致が目指されるところのもので、それには、「文の文化」（能・歌舞伎・舞踊・書道・茶道等の芸道）と「武の文化」（剣道・柔道・弓道・空手などの武道）がある。「広義の型」とは、源が初めて「型」の範疇に入れるべきことを提起したものであって、世阿弥のいう「序・破・急」や、江戸時代の茶人川上不白の提起した「守・破・離」がそれであるという。「序・破・急」は、雅楽の舞楽から出た概念であり、世阿弥がその著『風姿花伝』や『花鏡』で触れ、その後の芸道論の中核となっている。

●世阿弥にみる型

源によると、世阿弥が活躍した室町時代の初めに、心の捉え方に大きな変化が起こったという。心のあり方を「有心」「無心」に分けたとき、それ以前には「有心」のほうに価値を見出してきたが、それが逆転し、「無心」を心の真髄とする見方に変化したという。世阿弥の芸道論はこうした転換を背景として成立したものとしている。

世阿弥において重要なことは、二曲（舞・歌）三体（老体・女体・軍体）の型を作ったことで、基礎である二曲を徹底的にマスターし、その応用としての三体を究めることによって、花のある状態に達することができるとした。そこには、父の観阿弥による、物まねの徹底があり、徹底によって真実性の追究がなされ、その先に幽玄や強さが生まれ、それが美の対象になるという教えが強く反映されているという。

世阿弥は、『花鏡』にて、「序・破・急之事」について次のように表している。小西[19]の翻訳により、それを見ていく。

まず、〈序と云つば、初めなれば、本風の姿なり〉とあり、序は、ものごとの最初ということだから、基本の在りかたであるとしている。破については、〈破なり。これは、序の本風の直に正しき体を、細かなる方へ移し現はす体なり。序と申すはおのづからの姿、破はまた、それを和して注する釈の義なり〉と記している。破は、序の基本的なまっすぐにすらりとした演じかたを、こまかな方面へと転じて表現するものである。序というのは、自然のとおりの姿、破はそれをわかりよく説明していくという意味あいである、としている。

そして、〈急と申すは、挙句の義なり。その日の名残なれば、限りの風なり。破と申すは、序を破りて、細やけて、色々を尽くす姿なり。急と申すは、またその破を尽くす所の、名残の一体なり。さるほどに、急は、揉み寄せて、乱舞・はたらき、目を驚かす気色なり〉とある。急というのは、挙句の意味あいである。その日の締め括りだから、終曲にふさわしい演じかたのものである。破というのは、序を解きほぐして、こまかに砕き、多様な行きかたを観せる表現様式である。急というのは、さらにその破を演じ切る総括的なひとつの行きかたである。したがって、急は、つよく身を使い、早い舞や烈しい動きなど、目をおどろかすようなぐあいである、としている。

世阿弥は仏教思想に関心を持ち、天台教学を学んだあと禅（曹洞禅）へと移り、禅の心境を深めていき、芸道の考えにも変化を起こした。新奇さ、珍しさを花の原理としていたものから、深みのある面白さを重んじるようになる。『花鏡』では、「妙所之事（みょうしょのこと）」において、妙所というものは、動作のあらゆる点にあるはずだが、具体的に指摘しようとすれば捉えどころがないとし、この妙所を得た役者があれば、それは最高の名人と言いえよう、としている。そして自分の演じる「わざ」をすこしも意識せず、無心無風と称せられる位までに到達した舞台表現が妙所に近い境地としている。世阿弥は、無心の芸としての「妙花」を重視するようになっていったのである。

源によると、世阿弥は、『拾玉得花』の著述の中で、「安き位」と「安位」とを区別し、「安き位」は意識的自己の次元における「わざ」の最高到達点であり、さらにその上に「わざ」と「心」と「身」とが無心の次元の無相の相、「無位の位」としての「安位」とする芸境（妙花風）があるとするに至る、と述べているという。

●「守・破・離」について

世阿弥の「序・破・急」の後、江戸期に入って、茶人の川上不白によって「守・破・離」という理論が記された。それは、茶道の修行段階を現すものであったが、次第に、芸道そして武道にも強い影響を与えてきた。守は型、技を確実に身につける段階、破は発展する段階、離は独自の新しいものを確立する段階ということである（日本国語大辞典、小学館）。離には、破において習熟した型を破り自分が作り出した型からも自由になり型から離れて自在になる意がある。この「守・破・離」について、源は、その考え自体は世阿弥に由来するとしている。先に紹介した『拾玉得花』にある「安位」とする芸境は、「離」の段階に当たるという。

剣道に関して、源[18]は、興味深い指摘をしている。「フェンシングが戦場で不要のものとなったとき、技術と社会的マナーの洗練が目指されたのに対して、同時代の近世日本の剣法は、技術とともに自己の在り方、自己の心の在り方を求道的にひたすら探求する剣道として発展した」というのである。

「序・破・急」、そして「守・破・離」という原理は、こうしてみてくると、型を徹底的にまねて習得し、技を極めるということは、無心の次元のこころとからだの相への到達を目指すという意であることがよくわかる。「序・破・急」、「守・破・離」の原理が、こんにち日本の文化の中で受け継がれていることは、我々にはそれらへの馴染み感があり、共鳴感があるということであろう。

●臨床動作法における型

成瀬[7]は、脳性まひの子どもや成人における動作訓練において、「型から入って型から出る学習原理」を重視した。脳性まひの子どもにおいては、自分の動作不自由をどのように改善していけばよいかがわからない状態にあるので、まずは、動きを身につけるための手がかりが必要であるので、そのためには、特定の型から入り動きを身につける学習が基本と考えた。

この動きの型として、どのようなパターンの動きが有効かを探るにあたって、その最初は、研究者や実践家の直感的・名人芸的な方法による成果から見えてきた動きのパターンを検討することから入った。数多く出てきたパターンに見られる共通のエッセンスを抽出し、動作を学習するのに有効・有用と認められるモデルパターンを作っていった。ここで分かったことは、このモデルパターンの多くは、日常生活や発達段階においては直接的な形では見られないところの動作であったが、その習得が不自由動作の改善に大きな役割を果したことであった。

このモデルパターンは、ただ単に、からだの動きをよくするためのものとしてではなく、モデルパターンを身につけるためには、次のような活動がなされなければできないところのものとして工夫されていた。

動きとしては、動作感覚・運動感覚の明確化や分析・試行、動きの結果の確認とフィードバックによる修正・再試行、からだの自己操作の要領、環境状況と身体定位への配慮などである。

心理的には、動きへの能動性や意欲、意図やプランの明確化、自体のボディーイメージの形成、自分のからだへの信頼感、環境認知、動きへの不安・不審・恐怖などへの直面と自己処理、動作自己への対処としての自己活動の強化などである。これらの活動は、モデルパターンの遂行において、時に、意識的になすことが必要とされる場合と、自分のからだを動かす活動に伴って無意識的になされるように活動することが目指される場合とがあった。

成瀬は、このモデルパターンの習熟において、曖昧さを避け、そのパターンの趣旨に合致するように正確に学習しなければならないとし、繰り返しての十分なる習熟を強調している。そして、正確なパターンを学習し、それが求める内的過程の体験が得られてきたら、そのパターンに固定せずバリエーションを持たせて、全体的な動作に組み込んでいくとしている。

成瀬が、脳性まひの子どもには、「型から入って型から出るという原理」での訓練が必要と見定め、心身の一体的活動を重視したモデルパターンを生み出したその背景には、身体活動としての伝統的な芸道や武道に見られるところの、型の十分なる習熟の原理と心身の一体的活動の原理が存在していたからではないかとうかがえる。そしてまた、前述した動作療法で、最終的には無意識的活動による自在な動作を目指すとするセラピー原理の源に、世阿弥のいう意識せず無心無風のわざを最高とする文化の受け継がれがあったといえるかもしれない。

本稿を終えるにあたり、動作訓練から動作療法へとその適用の幅を広げてきた臨床動作法は、特に日本的心理療法を意識したわけではないが、結果的には、日本文化の本質にその根があったことが思われる。臨床動作法の創始者である成瀬は、その人生の一時期、武道に、そして茶の湯に稽古を積んできた経歴を持つ。

今回、日本人的心理療法という観点で臨床動作法を論じるというテーマをいただき臨んでみて、その観点は臨床動作法の誕生と展開に無関係ではないと思えてきた次第である。

文献

(1) 成瀬悟策（2000）『動作療法：まったく新しい心理治療の理論と方法』誠信書房
(2) 小林茂（1966）「脳性マヒのリハビリテイション」成瀬悟策（編著）『教育催眠学』誠信書房
(3) この小林と成瀬のやりとりは、木村駿（1984）「催眠研究と心理リハビリテイション」翔門会（編）『現代心理学への提言：成瀬悟策教授還暦記念論叢』の文献から、一九六三年と推測される。
(4) 木村駿（1984）「催眠研究と心理リハビリテイション」翔門会（編）『現代心理学への提言：成瀬悟策教授還暦記念論叢』九州大学出版会
(5) 成瀬悟策（編）（1968）『心理学的リハビリテイション（催眠シンポジアム1）』誠信書房
(6) 成瀬悟策（1973）『心理リハビリテイション：脳性マヒ児の動作と訓練』誠信書房
(7) 成瀬悟策（1985）『動作訓練の理論：脳性マヒ児のために』誠信書房
(8) 成瀬悟策（編著）（1984）『障害児のための動作法：自閉する心を開く』東京書籍 pp. 208-209.
(9) 成瀬悟策（編）（1987）「〈動作療法〉について」『動作療法（障害児臨床シンポジアム1）』九州大学教育学部附属障害児臨床センター
(10) 入江建次（1975）書痙治療における動作訓練法の適用．『九州大学教育学部心理教育相談紀要』1 pp. 3-4.
(11) 蒲原くみ恵・佐々木早苗・斉藤美代子（1980）心理リハを分裂病患者に試みた事例．『リハビリテイション心理学研究』8, 22-27.
(12) 鶴光代（1982）「精神分裂病者の動作改善と社会的行動変容」成瀬悟策（編）『心理リハビリテイションの展開』心理リハビリテイション研究所 pp. 169-182.

(13) 成瀬悟策（1979）「はしがき」成瀬悟策（編）『心理リハビリテイションの進歩』心理リハビリテイション研究所
(14) 成瀬悟策（1988）『自己コントロール法』誠信書房
(15) 鶴光代（1991）動作療法における「自体感」と体験様式について．『心理臨床学研究』9, 5-17.
(16) 鶴光代（2007）『臨床動作法への招待』金剛出版
(17) 成瀬悟策（2014）『動作療法の展開：こころとからだの調和と活かし方』誠信書房
(18) 源了圓（1989）『型（叢書・身体の思想2）』創文社
(19) 世阿弥／小西甚一（編訳）（2012）『風姿花伝・花鏡』タチバナ教養文庫

第二章　和太鼓演奏における身体の体験

——皮膚感覚・運動感覚・深部感覚の心理臨床学的有用性

清源　友香奈

はじめに

和太鼓演奏は近年、臨床現場において用いられることが増えつつある。しかしそれらの多くは、集団活動の一つとしてであったり、レクリエーション活動の一つであったり、リハビリテイションを目的とした身体運動としての活動の一つであったりする。どのような形であれ、和太鼓演奏が活動に取り入れられ、役立っているのは素晴らしいことであると感じる。しかし、これは和太鼓に限ったことではないと思うが、もし何かを療法として用いようとするのであれば、その用いる何かにどのような特性があり、その特性が何に対して、どのように療法的に作用するのかは、理解されていることが大切であると考えられる。用いるもののどのような特性が、何に対して、どのように療法的に働くのかが理解されていると、その何かは明確な目的を持って、適切な対象者に対して用いることが可能になる。また、その何かの中の療法的に働く特性が正しく理解されている場合は、その特性を共通に持つものであれば、何かではないものであっても、その特性の働きをねらいとした療法として使用することが可能になる。つまり、同じ目的において使用できる選択肢が増えるということにもなるのである。

正しい理解に基づいて、明確な目的のもと、適切な対象者に適切な方法を選んで用いることができる場合に、そのものは療法であると言われるのだと思う。このように見ると、和太鼓演奏は療法的なニュアンスを帯びた活動の中で用いられる機会は増えつつあるが、未だ療法と呼べるところまでその特性の理解が深まっていないと言わざるを得ないだろう。和太鼓は、その音一つを取っても非常に個性に富んだものであり、演奏によってもたらされる体験は、かなりの厚みを持って広がっている。もしこの厚みのある体験をもたらす和太鼓演奏の特性をより明確にすることができたならば、和太鼓演奏は、和太鼓療法と呼べるものとして確立され得るだろう——そう思うほどに、和太鼓演奏における体験を検討していると、和太鼓は可能性を持ったものとして感じられるのである。

集団活動やレクリエーション活動の一つとして和太鼓演奏が行われる場合、そこにはその活動として和太鼓演奏が担っている意味があり、その意味にはその意味での価値がある。しかし、そのようなとき、そこには和太鼓演奏でなければもたらされ得なかったであろう体験も存在しているのである。そして、活動としての意味以外に、演奏によってもたらされ得る体験の存在は、その活動の多くの実施者によって気づかれておらず、あまり意識されていないように感じられる。実施者を含め、実際に和太鼓に接したことのある人であれば、無意識のレベルではその音や響きから感じているものは多いと思うのだが、その感じているものの多くは、意識のレベルに引き上げられるほど言葉にされていない。感じているものが多くありながら、言葉にされていないことによって、特性がもたらし得る体験の療法的可能性が見落とされているのである。集団活動やレクリエーション活動としての活かされ方以外にも有用であると思われる多くの特性を持つ和太鼓が、その特性を意識レベルで理解されていないがために、その特性を療法的に活かすことを目的として使用されるに至っていない。この現状は、筆者にはとても残念で、とても勿体なく感じられる。演奏によってもたらされる体験が持つ療法的可能性を、療法を目的とした実際の使用に繋げていくために、感じられているものに言葉を与えていきたいと思う。

このように和太鼓演奏は、先述された臨床動作法のような確立した療法には残念ながらなっていない。したがって、治療としての和太鼓療法というものを紹介することはできないが、本書は身体篇ということで、演奏における多くの体験のうち身体に関連する体験に焦点を当てて話をさせていただこうと思う。これまでの研究から、和太鼓演奏における体験は大きく四つのカテゴリーに分けられることが分かっており、身体に関連する体験は、和太鼓演奏における体験の四つのカテゴリーのうちの一つを占めるほど、演奏における体験として大きいものである[1]。今回は、和太鼓演奏における身体に関連する体験を紹介するとともに、その体験の持つ療法的可能性について、心理臨床学的視点から思うところを少しでも伝えることができれば嬉しく思う。

和太鼓演奏における身体の体験

和太鼓演奏においては、身体に関連する体験が非常に多く語られる。体験というものは人それぞれであるので、体験の語りは本当に個性に富んだもので溢れているのだが、身体という視点を一つ持って和太鼓演奏者の語りを検討していくと、多くの人が共通して身体の表層と、身体の内部において、身体の感覚を体験していることが見えてくる。さらに身体の内部においては、自身の身体を動かすという能動的行為に伴う感覚と、音が響くことによって身体の内奥に生じる感覚の体験が為されていることが分かる。つまり、和太鼓演奏においては大きく三通りの身体感覚の体験が為されていると考えられる。身体感覚の分類は様々であるため、和太鼓演奏において体験される感覚は何感覚だと言い切ってしまうのは中々難しいことではあると思われるが、理解をする上ではやはり呼び名があることはとても役立つ面もあることから、和太鼓演奏において体験されている身体感覚のうち身体の表層における感覚を皮膚感覚、身体内部の感覚のうち自身の身体を動かすという能動的行為に伴う感覚を運動感覚、そして音が響くことによって身体の内奥に生じる感覚を深部感覚として、話を進めていきたいと思う。また和太鼓演奏においては、皮膚感覚と運動感覚が結びついて働くところの感覚の体験が語られており、この皮膚感覚と運動感覚が結びついて働くところの感覚は、体性感覚としている。

ここで、本章における身体感覚の呼び方について断っておかなければならないことがあるのでお伝えしていきたい。本章では、体験を軸に身体感覚を分けている。そのため、本来の一般的な分類における感覚の名称と指し示すものが異なっているところがある。一般的な分類といっても様々な分類が存在するが、参考として、勝木が「最も広く用いられている分類」とする分類を挙げておく(2)。その分類では、感覚は、①特殊感覚(脳神経により信号の伝達されるもの):視覚・聴覚・味覚・嗅覚・迷路感覚、②体性感覚(体性脊髄神経により伝達されるもの):a・表面感覚(または皮膚粘膜感覚):触覚・圧覚・温覚・冷覚・痛覚、b・深部感覚(筋・腱・関節による感覚)、③内臓感覚(内臓神経により伝達されるもの):臓器感覚・内臓痛覚に分けられている。先に述べた本章における感覚の呼び方と照らすと、本章で皮膚感覚と呼ぶ感覚は、触覚・圧覚・温覚・冷覚・痛覚を含む表面感覚であり、また本章で運動感覚と呼ぶ感覚は、筋・腱・関節による感覚を含む深部感覚のことである。本章では「内側にドーンと響く」と語られる身体の深部における受動的な感覚を深部感覚と呼ぶこととしているが、深部感覚という言葉は、一般的な分類上は、筋・腱・関節による感覚を意味する言葉であり、先に述べた運動感覚と指し示すものが重なっている。混同しないためには、この身体の「内側にドーンと響く」感覚については、内臓感覚という言葉を使用できると一番良いように感じるのだが、実際に和太鼓の音が内臓感覚として体験されているのか——この「内側にドーンと響く」感覚を内臓感覚と言い切ってしまって良いのかについては判断の材料が不足しているため、内臓感覚と呼ぶことは控えたいと思う。したがって、深部感覚という言葉が、一般的な分類上は本章における運動感覚を意味する言葉であるということを断った上で、本章ではそれぞれ異なる感覚を指し示す言葉として使用することとしたい。ゆえに、身体内部の感覚のうち、能動的な身体の動きに伴う感覚を運動感覚と呼ぶのに対し、外部からの音という素材によって生じる受動的な身体の感覚を——特に身体の深部において体験される受動的な感覚を、ここでは深部感覚と呼称する。

和太鼓演奏において体験される身体感覚について、簡単にまとめたものを表1（次頁）に示しておく。ところで、身体感覚の体験は、和太鼓演奏においてのみ体験されるものではなく、日常生活においても多く体験されているものである。特に、皮膚感覚や運動感覚の体験については、その心理臨床学的有用性について言及されているものも多い。筆者が和太鼓の研究をしているのは、その演奏における体験に多くの可能性を感じるからであるが、和太鼓演奏に個性の強さと可能性を感じる一方で、和太鼓演奏だけが特別に優れているとは思っているわけではない——というのも、そこにあるのは優劣ではなく、違いなのだと感じているからである。これから、和太鼓演奏において体験されているものについて、体験とその有用性について皮膚感覚から順にお伝えさせていただくが、その中には、他の療法や活動、もっと言えば日常生活で営まれる何かの行為においても共通して体験されるものは多いと思われる。しかし、和太鼓演奏であるからこそ強く

表1　和太鼓演奏において体験される身体の感覚

<table>
<tr><th></th><th colspan="2">身体の部位</th><th>感覚の種類</th><th colspan="2">感覚の名称</th><th colspan="2">具体的な語り</th></tr>
<tr><td rowspan="3">体験される身体の感覚</td><td colspan="2">身体の表層</td><td>音によって生じる受動的な感覚</td><td>皮膚感覚</td><td rowspan="2">体性感覚</td><td>「音に包まれる」</td><td rowspan="2">「自分の身体」「地に足が着く」「全身」</td></tr>
<tr><td rowspan="2">身体内部</td><td>筋肉・髄・関節</td><td>動くという能動的行為に伴う感覚</td><td>運動感覚</td><td>「筋肉の動く感じ」「身体の重さ」</td></tr>
<tr><td>身体深部</td><td>音によって生じる受動的な感覚</td><td colspan="2">深部感覚</td><td colspan="2">「内側にドーンと響く」</td></tr>
</table>

体験されているものもある。先ほど述べた体性感覚や、深部感覚が色濃く体験されるという点は、和太鼓演奏における体験の個性と言えるところであると思う。そして、このような感覚の体験が同時に為されるというところが、和太鼓演奏の独自性であり、可能性を感じさせるところなのであろう。ここからは、和太鼓演奏における体験の可能性とともに、和太鼓演奏において体験されるものを切り口に、身体の体験の可能性も感じながら聞いていただければと思う。

●皮膚感覚の体験と体験の心理臨床学的有用性

まず、皮膚感覚の体験から見ていこう。これは身体の表層において体験される感覚であり、演奏者からは「音に包まれる」と語られるものである。身体が音と接することで体験される受動的な感覚であると考えられる。

心理療法における身体感覚としてよく言及されるものといえば、箱庭の砂に触れる感覚や、陶芸の粘土の触感などが想起されると思われるが、これらはいずれも手という身体末端部における皮膚感覚の体験といえる。和太鼓演奏における皮膚感覚の体験で、箱庭の砂や陶芸の粘土の触感と大きく異なる点を挙げるとすれば、その体験が全身において同時に為されているということであろう。和太鼓演奏においても、地面と接する足の裏の感覚や、バチを持つ手における感触といった身体末端部における皮膚感覚の体験は語られるが、音の存在感の強さもあってか、全身で感じる音の振動の体験のほうが皮膚感覚の体験としては大きいようである。その体験が音に触れるとか、音の感触ではなく、「音に包まれる」と語られることからも、身体が音と接する体験が、何かに触れるといった接触の体験としてではなく、巨大な音という素材によって自身の全身を意識する体験となっていることが伺える。J－P・クラインは、「音楽療法はいわば身体に形を与える振動による境界設定によって、身体像を段階的に再獲得するのを可能にする」と述べており、[3]これは音楽療法が持つ多くの特性のうちの、身体感覚の体験──特に身体の表層における身体感覚である皮膚感覚の体験の心理臨床学的有用性を述べた言葉であると言えるだろう。音を用いる他の音楽と同じように、和太鼓演奏では身体において音の振動を感じるという体験が為されている。和太鼓は、その音が大きく振動が長く響くことを考えても、音の中でも皮膚感覚における体験を強くもたらし得る媒体であると言えよう。皮膚は、自分の身体を内部世界と外部世界に分ける境界である。「包まれる」と語られるほどに、皮膚感覚を通して全身を同時に意識する体験は、自身の身体像や、身体における外部の世界との境界、また他者との境界の感じ方に問題を抱えている人々にとって、身体の側から身体像を取り戻すという意味で役に立ち得ると考えられる。

ところで、箱庭の砂に触れることが治療に必要な適度の退行を起こすのに役立つことは広く知られている。[4]皮膚という表層部における接触という体験が退行をもたらすという視点で考えるならば、皮膚感覚が全身にもたらされる体験は、身体における境界の体験とはまた異なったものとなる可能性も考えられる。「和太鼓の演奏を聴いているとよく眠れる」「赤ちゃんが寝てしまう」と言った語りからは、退行を超えたより原始的なレベルでの体験――極端な話をすれば子宮の中に居る時の体験と重なるような体験――になり得るのではないかと感じさせられる。原始的な体験としては、和太鼓が音階を持たないリズム楽器であることも関連していると考えられるが、このような原始的な体験については、その有用性と危険性も含めて今後検討していきたいと考えている。

また、一言に音と言っても、その音には媒体ごとの違いがある。[5] 中村は、音には「自然界にはない人工的な音」と「自然界が発する有機的な音」があり、それらの違いはその音の「倍音構造」の違いによることを記している。[6] 面白いことに、多くの演奏者からは、このような知的な理解に関係なく、体験として「音が優しい」「肌に馴染み易い」といったことが語られる。表現素材の体験については、粘土において、「粘土性としか言いようのない持味」[7]や、「柔軟な手触りをはじめとする素材のもちまえ」[8]があることが述べられており、同じ皮膚という身体の表層における触覚の体験であっても素材によって体験が異なることが予想されるが、音という掴み難い素材であっても身体を通した体験の違いが認められるのは非常に興味深いことである。皮膚感覚の体験自体は、表現素材が砂、粘土、絵の具や紙のように実体のある素材であっても、音のように具体物としては触れることのできないものであっても、同じように得ることができるが、全身における「包まれる」感覚となると素材の対象は絞られてくる。その中でもさらに、素材の質の違いが体験されているのであれば、同じ音であっても、用いようとする音素材が身体感覚の体験としてどのように体験される素材であるのかについても検討が求められるであろう。

●運動感覚の体験と体験の心理臨床学的有用性

次に、和太鼓演奏における運動感覚の体験について見ていこう。これは身体の内部において体験される感覚のうち、身体を動かすという能動的行為に伴って体験される感覚である。体験としては「筋肉の動く感じ」や「身体の重さを感じる」と語られる。本章では筋肉感覚や重量覚を用いる感覚、能動的な動きや重さを感じる際の感覚を運動感覚としている。

和太鼓演奏は、演奏の多くが立位で為され、腕の振り上げをはじめとする一打に伴う身体の動きが大きい。また、座位で行う演奏や小さい振りによる演奏であっても常に全身が意識されており、運動感覚の体験は非常に大きいといえる。

筋肉の弛緩に伴う感覚は、腕に「力を入れる」のみでなく、良い音を出すという試みの中で、「力を抜く」という形でも体験されている。どれくらいの力の入れ具合の感覚のときに、実際にどれくらい身体が動くのかといった身体の感覚の体験が、能動的な行為に伴って繰り返し為されている。

このように和太鼓演奏では、打つという実際の動きに伴って、筋肉を動かす感覚や、身体に重さがあることへの気づきが体験されている。皮膚感覚が、外部からの刺激である音を受容するという受動的な体験であるのに対し、運動感覚の体験は能動的行為に伴って生じるものである。自身の身体を自分で動かすという体験が主体性と結びつくというところは、臨床動作法が重要視しているところであると思われ、自分で身体を動かすときに、身体がどのように感じているのかという感覚の体験は、主体性を身体のレベルから回復させる上で非常に有用であるといえよう。

また、力を抜くことや、「身体の中心をどこに置いたら自分の身体は安定するのか」「足の裏のどの辺に体重が乗っているか」というふうに重心を確認することを通して、自身の身体に重さがあることの体験が為されている。腕の力を抜くといった体験からは、重さを持った自身の身体の各部位が感じられており、重心の確認からは身体の各部位ではなく、重さを持った全体としての身体が感じられている。和太鼓演奏では皮膚感覚の体験において、身体末端部のみでなく全身が意識されていることを話したが、重さの体験においても、腕のような身体の各部位における感覚の体験のみでなく、重心を確認することを通して部位ごとではない自分の全身が意識されている。

身体の重さを知ることの重要性については、「動物の一個体として、身体に重さがあり、動きには重力が働いていることをそのまま受け入れることによって、自在な運動が可能であり、このことを通して、大宇宙の一部である小宇宙としての身体が感得される」と述べられており[9]、自分の身体の重さを知ることは、この世界を生きる自分を、身体を含めて知ることと言えるかもしれない。和太鼓演奏では、力の抜き入れのような運動感覚を通して、自身の身体の使い方が体得されていくことが顕著に認められる。力を抜く際には腕をはじめとする身体の部位ごとの重さが感じられ、重心を確認することを通して、部位ごとではない自分の全身が意識されている。運動感覚の体験は、この世界において事実として存在する自身の肉体を感じ、その肉体を主体的な自身の身体として体得していく上で役に立ち得るものであると思われる。

能動的でない運動感覚の体験について

ところで、運動感覚の体験は身体のレベルから主体性を回復させる上で有用であると述べたが、このように述べると、本来ならば最も大切なはずの体験をすっぽ抜かして、筋肉や関節を動かしさえすればよいというような捉え方がされてしまうのではないかということが危惧される。ここで言う運動感覚の体験とは、能動的行為に伴って生じる感覚の体験であることが重要なのであり、その体験は必ずしも同じ身体部位を動かせば得られるとは限らないということを確認しておきたい。というのも、和太鼓の話からは少し逸れるのだが、科学の発展により、能動的行為によらない運動感覚の体験が近年可能だからである。

筋肉の強化を目的に、外部から電気刺激を流すことで、腹筋運動をしたのと同じような運動の効果を強制的に筋肉に与える機械の存在をご存じだろうか。この機械は元々、プロ野球選手などを対象とした、自身の運動では鍛え難い身体の内部の筋肉の強化を目的に作られたそうであるが、最近はダイエット用などの簡易なものが、通信販売などでも出回っているのを目にする。運動感覚の体験は、臨床動作法においても重要視されているところだと思われるが、自身の身体を自分で能動的に動かす体験であるところに意味があるのであり、このような能動的行為によらない運動感覚の体験は、本章で運動感覚の体験と呼ぶところの体験とは質的にだいぶ異なるものであるのではないかと感じる。先日個人的な好奇心から、この筋肉に電気を流されるということを体験してみたところ——個人的な体験なので、これは感想の一つとして捉えていただきたいのだが——この体験は、私にとっては非常に気持ち悪く、可能な限り味わいたくないものとして感じられた。何かに例えるならば、身体のどこかが攣った時、もしくは痙攣した時に体験する、自分の身体が言うことを聞いてくれない感じ、自身の内側からの意志ではどうにも仕様のない感じに近い感じとでも言おうか、そのような感覚を体験した。能動的行為によらない運動感覚の体験が、心理臨床学的にどのような体験となっているのかについては、今後きちんと検討される必要があると思うが、少なくとも電気を流すことで強制的に収縮させられる筋肉における運動感覚の体験は、個人的には、主体性の体験とはむしろ反対の、自身の身体が自分の制御を超えて他有化されてしまう体験にさえなり得るのではないかと感じられた。

誤解のないように、もう一つ別の能動的行為によらない運動感覚の体験について言及しておくと、病院のリハビリテイション科などで、自分で身体を動かすことのできない患者さんの筋肉が弱ってしまわないように、スタッフが患者さんの足や腕を持って、曲げ伸ばしの運動等を行うことがある。このような場合の患者さんにとっての運動感覚の体験は、やはり能動的行為による運動感覚の体験ではないのだが、先ほどの電気を筋肉に流される体験とはまた異なる体験ではないかと感じる。というのも、自分で動かせる身体において能動的行為によらない運動感覚を体験する場合は、自分の身体が他有化される感じを覚えるかもしれないが、自分で動かせない身体において能動的行為によらない運動感覚を体験する場合は、自分で動かすことができないことで他有化されているように感じる身体において動きという感覚の体験が為されることから、その体験は動きの感覚と繋がって、自身の身体を感じる体験としての意味を持つのではないかと感じるのである。身体部位としては同じ筋肉における感覚の体験であっても、能動的行為に伴う感覚であるかどうかによって体験の意味は変わってくるだろう。

　またその感覚の体験者の、その感覚を体験する時点での身体の状態によっても、体験のされ方は異なってくると考えられる。自分で動かせる身体においても、普段から使用していない部位の筋肉であれば、能動的行為によらない運動感覚の体験によって、こんなところにも自分で動かせるはずの筋肉があったのだということに気づくことから、自分の身体として感じられるところが広がることもあり得るだろう。このように、身体感覚の心理臨床学的有用性を考える場合には、医学が重要視しているような肉体としての身体における結果ではなく、身体の持ち主にとってどのような体験となっているかが非常に重要であると考えられ、各体験の違いについては今後本人にとってどのような体験となり得るかという視点から検討されることが大切であるように感じる。和太鼓の話から少し逸れてしまったが、少なくともここで、その体験が主体的な自身の身体を体得していく上で役に立ち得るという有用性をもつと考えられる運動感覚は、自分で身体を動かすことのできる人にとっての、能動的行為に伴って生じる感覚であるということを再度押さえておきたい。

さて、和太鼓演奏において体験されている身体感覚として、皮膚感覚、運動感覚について見てきたが、深部感覚の話に入る前に、皮膚感覚と運動感覚が結びついて働くところの感覚である体性感覚について話をしたいと思う。

●体性感覚の体験

和太鼓演奏における体験の語りを聞いていると、確かに身体においては、皮膚感覚、運動感覚、深部感覚が体験されているのであるが、例えば「これは皮膚感覚の体験だ！」というふうには、何とも明確に割り切れないような体験が語られることがある。

具体的に述べよう。和太鼓演奏における体験として、多くの演奏者によって「地に足が着く感じ」というものが語られる。和太鼓演奏は裸足で行うことも多く、立つという一つの所作においても、足の裏のどの部分がどのくらい地面に接するのか、両足の幅はどれくらい開くのか、膝をどれくらい曲げるのかといったことが感覚を通して意識されていくので、結果的に「地に足が着く感じ」が体験されるのはとても自然なことのように感じられる。むしろ、「地に足が着く感じ」が持てるようにならないと、自分の身体の重心や軸の感覚を体得できていないわけであることから、良い音を出すような演奏はできないということなのだろう。ある和太鼓演奏熟練者が「自分の身体のことを自分で分かっていないと、絶対に良い演奏はできない」と語ってくれたことがあり、身体を感じるということは、音を出すという現象においてはプロセスの一つに過ぎないということを感じたのが強く印象に残っている。それくらい「地に足が着く感じ」というのは、和太鼓演奏では必然的に体験されるものの一つであるわけだが、この「地に足が着く感じ」というのは、身体感覚で捉えようとすると中々難しいところがあると思われる。そもそも「地に足が着く」というのは、身体感覚と言うよりは実感に近いような感覚の体験であると考えられ、どうにも、「これは何感覚だ！」と、割り切れないところの体験であるように感じられるわけである。

この、身体感覚としては何とも割り切れないところの感覚の体験を、敢えて身体感覚という視点で少し掘り下げてみよう。「地に足が着く」という体験は、身体の部位で言えば主に足の裏が関わっている感覚であると考えるのが妥当だろう。足の裏が地面に接している時の感覚は触覚であり、皮膚感覚である。一方、足の裏の感覚は、重心を探す時にも意識されており、これは重さを感じる感覚であり、重量覚を用いることから運動感覚である。足の裏のどの辺りに体重が乗っているのかを感じるときに用いられる抵抗覚も運動感覚である。したがって、「地に足が着く感じ」という実感に近い感覚の体験は、皮膚感覚と運動感覚の両方を伴っていると考えられる。

「地に足が着く感じ」の他に、「全身」の意識においても、割り切れないところの感覚が体験されていると考えられる。「全身」の意識をもたらす体験の一つである「音に包まれる」という体験は、皮膚感覚を通して全身を意識する体験となっているが、他方「重心を探す」という体験においては、自身の身体の全体の重さを意識してから身体が安定する中心を探すということが行われており、運動感覚を通して全身を意識する体験となっている。つまり和太鼓演奏における身体の「全身」を意識する体験も、皮膚感覚と運動感覚の両方を伴っていると言える。感覚のどこまでをどちらの感覚で感じているかは分け切れるものではなく、結びつくことで「地に足が着く」「全身」といった実感に繋がる体験が為されているのである。

このように和太鼓演奏においては、身体感覚同士が結びつくことで感じられる実感のような体験が為されているのである。この実感の基盤として体験されている感覚が体性感覚である。体性感覚は、触覚を含む皮膚感覚と、筋肉感覚を含む運動感覚から成り立つ感覚であり、皮膚感覚と運動感覚が結びついて働くところの感覚である。我々は、普段から指先の触覚のような意識しやすい感覚をその感覚単独の体験だと捉えがちであるが、そもそも感覚とは、運動感覚が基盤を為しているからこそ感じることのできる体験であるとされている。体性感覚は、そのような視点から、身体の感覚を本来の在り方として捉え直す意味で重要視されている身体感覚である[10]。

体性感覚の体験は、和太鼓演奏においてのみ為されるわけではない。例えば、自分の右手の甲を左手の指先で押したときに、我々は右手の甲が「押された」と感じる。この時、右手の甲は、触れられることによる皮膚感覚を体験しているが、同時に、左手の指先から加わる力や、その力に対する抵抗も感じている。圧覚は皮膚感覚であるが、抵抗覚は運動感覚である。「押された」という感じの、どこからどこまでが皮膚感覚の体験で、どこからどこまでが運動感覚の体験なのかは分けられるものではなく、皮膚感覚と運動感覚は結びついているからこそ、「押された」という感じが体験される。このような、手の甲を指で押すといった日常的な行為においても、体性感覚は体験されているのである。

ところで、筆者は以前、体性感覚の検討対象について考える上で意義深いと思われることから、クラインの芸術療法を人間と無機物との関係から四つのポジションに分類したもの[3]を基に、用いられる素材と、表現過程に伴う皮膚感覚、運動感覚の部位を加え表にまとめた[11]（表2）。和太鼓演奏は、素材が音であることから大きな振動を伴い、振動は全身を包むことから全身の皮膚感覚を伴う。また、身体自体も素材であり、演奏の多くが立位で為され全身運動を伴うことから全身の運動感覚を伴う。このように、この表を軸に検討しても、身体と音の両方が同一の表現者の素材となり、それに伴う皮膚感覚や運動感覚がこれほど全身に及ぶ表現過程は少ないと考えられ、和太鼓演奏は体性感覚が色濃く体験される表現過程であると考えられる。

表2　J-P. クラインの分類を基にした
表現過程における素材・皮膚感覚・運動感覚の分類

ポジション	第一	第二	第三	第四
表現過程	造形芸術・写真・映画・ビデオ・文章	演劇・ダンス・ゲシュタルト・コント	マリオネット・仮面（拡大した意味での化粧）	声・楽器を用いた音楽
素材	視覚的に捉えられるもの	身体	身体・視覚的に捉えられる物	音
皮膚感覚	末端部	（全身）	末端部	全身
運動感覚	末端部	全身	末端部	（全身）

＊第二ポジションの皮膚感覚は、空気抵抗等の皮膚感覚は伴うが、素材との接触という意味での皮膚感覚が無いことから、（　）で記している。
＊第四ポジションの運動感覚は、呼吸の仕方等に伴う運動感覚は全身に関与していると考えられるが、具体的動作としての運動感覚は全身でないことから（　）で記している。

自分で演奏するということの意味

和太鼓演奏における体性感覚の体験として、「地に足が着く感じ」や「全身」の意識について話したが、もう一つ、能動的な表現過程としての演奏において語られた体験があるのでお話ししよう。この体験は、演奏者と聴き手の身体感覚の体験の違いとしても興味深い語りである。

和太鼓演奏は、生演奏を聞いたことのある方は感じられたと思うが、音の振動がとても大きい。身体感覚の話からすれば、「音に包まれる」という皮膚感覚の体験は、聴き手であっても得ることのできる体験として挙がってくる。しかし、この皮膚感覚における音の振動の体験は、聴き手である時の体験と、演奏者である時の体験で違いがあると語られているのである。聴き手である時の体験とは、運動感覚を伴わずに、他者の演奏によって生み出された音の振動を皮膚感覚で感じる体験になるわけであるが、この、自分では動かずに振動を浴びるだけの体験では「（自分の）主体みたいなのがどこにいるのか分からない」といった体験が語られた。これは長時間運動感覚を使わないで過ごしている時などを想像してもらえれば、理解し易いのではないかと感じる。例えば映画を観終わった直後など、身体を動かし、背伸びをし、自分で動かせる身体の感覚を確認するより前の場面においては、自分の主体と身体との間に距離があるように感じるのは何となくイメージできるのではないだろうか。ここで興味深いのは、和太鼓演奏を聴いている時は、映画を観ている時のように身体感覚の体験がほとんど為されていないのとは違い、皮膚という身体の表層において、かなりの身体感覚を体験しているという点である（もちろん、映画を観ている時であっても、椅子と接する感覚や、自身の身体の重さは感じているることから、身体感覚の体験が為されていないわけではないが）。つまり、和太鼓演奏の聴き手の時は、映画を観ている時と比べ、身体感覚自体の体験はかなり為されているのである。しかし、皮膚感覚の体験がかなり為されているのに、聴き手としての体験では、「主体みたいなのがどこにいるのかわからない」と語られているのである。同じ音に包まれる体験であっても、音の振動を外部からの刺激として浴びるだけの体験は、自身で演奏しているときとは体験として感じ方が異なるのである。

一方、自身で演奏している時は、音の振動によって「活性化」した身体の表面が、動くことによって「自分に戻ってくる」と語られており、能動的に動くことの体験が大きいことが分かる。ここでまた注目すべきなのは、振動によって「活性化」した身体の表面が、動くことによって「自分に戻ってくる」というその体験は、体操等で身体を動かしているのとも違うと語られており、運動感覚のみの体験とも異なるようであるということである。この語り手は、自分で演奏するということを通して、皮膚感覚と運動感覚の両方を演奏において統合的に体験していると考えられる。体性感覚の体験は、音による受動的な感覚の体験である皮膚感覚と、能動的な動きに伴って生じる運動感覚の両方が結びついたところの体験であり、この両方の感覚が結びついて体験されることで「感じることのできるこの身体が、動かすこともできる自分の身体なんだ」という実感が語られている。この語りからは、皮膚感覚のみでも、運動感覚のみでもない、皮膚感覚と運動感覚が結びつくところの感覚、即ち体性感覚の体験の意味を感じさせられる。

　このように、自分で演奏するということは、体性感覚の体験において大きな意味を持つように思われる。音楽療法においては、鑑賞を主として行う受動的音楽療法と呼ばれるものと、自分たちで演奏することを主として行う能動的音楽療法というものがあり、どちらにもそれぞれに利点がある。和太鼓演奏も、受動的にも能動的にも用いることは可能であるが、体性感覚について考えると、和太鼓を自分で演奏するということの意味がとても大きいように感じられる。これは、受動的音楽療法と能動的音楽療法のどちらのほうが優れているといった話ではなく、より適した用い方の選択が為されるためにも、身体感覚における体験の違いについて、違いとしてきちんと認め、明確にしていくことの必要性があるということである。皮膚において振動を感じる体験自体は、受動と能動、どちらの用い方であっても得ることができるが、聴き手としての皮膚感覚の体験と、演奏者としての皮膚感覚の体験は、体験として異なっていた。後者の皮膚感覚の体験の場合は、運動感覚とともに体性感覚として体験される。もし、療法を受ける人が、とにかく皮膚感覚の体験を必要としている人であれば、他者の演奏であっても多くの振動に包まれることが求められると考えられ、受動的な用い方は方法としては適しているであろう。しかし、療法を受ける人が、皮膚感覚の体験のみではなく、運動感覚と結びついた体性感覚の体験を必要としているのであれば、聴き手ではなく自身で演奏するという形で用いなければ、必要な体験を得ることができないということになってしまう。療法を受ける人が求めているものによって用い方を選択する際に、自分で演奏するという能動的な用い方は、体性感覚の体験を提供するという意味では大きな意味を持つように思う。

体性感覚の体験の心理臨床学的有用性

さて、先ほど皮膚感覚と運動感覚とが結びついてはたらく体性感覚の体験があり、それは和太鼓演奏において色濃く体験されることを話した。皮膚感覚の体験も、運動感覚の体験も、それぞれに感覚の体験として在り、またその感覚の体験はそれぞれに心理臨床学的有用性を持っている。しかし、聴き手の時の体験と自分で演奏をする時の体験が異なっているように、演奏においては、音による受動的な感覚の体験である皮膚感覚と、能動的な動きに伴って生じる運動感覚の両方が体性感覚として結びつくことで「感じることのできるこの身体が、動かすこともできる自分の身体なんだ」といった自身の身体を実感する体験がなされている。振動によって「活性化」した身体の表面が、動くことによって「自分に戻ってくる」と語られるこの体験からは、皮膚感覚の体験だけでは、外部の世界との境界を感じる体験にはなり得ても、主体的な身体を感じることには至らないことが伺える。市川[12]は、「われわれが身体としての自己を明瞭に、しかも直観的に把握することが出来るのは、われわれが自己の身体をいわば内側から主体身体として捉えると同時に、外側から対象身体としても捉えているという事実に依存している」と述べており、皮膚感覚によって外部との境界を感じ、外部の世界における自分の身体像を感じながら、運動感覚によって内部の感覚を伴って主体的に動くことが「自分の身体」という実感のようなものを感じることに繋がっていると考えられる。

体性感覚の体験からは、「地に足が着く感じ」「全身」そして「自分の身体」の意識のように、身体感覚というよりも、より実感に近いものが体験されている。それらはどれもとても自然で、存在するのが当然な感覚とされている。しかし、このような生きる上でとても自然な、身体も含めた自分の存在の確かさのような感覚は、損なわれた時非常に深刻な事態となることが言われている。宮本は「分裂病」の人が「自分の眼球をえぐり出したり、陰茎を切断したりという残酷な自傷行為」を「まるで痛みを感じないかのように平気で」行うことについて、彼らの身体における主体性が衰弱して身体が生きられなくなり、主体的な身体が「他有化されて物体的身体へと頽落せざるをえなくなる」ことによると記している。[13]

体性感覚の体験は、このような人々の身体の主体性の回復において大きな意味を持つのではないかと感じられる。精神病への身体療法的接近については先にも示されており、宮本は「分裂病者において身体が空疎になる」ことを述べ、「逆に彼らに身体性を再びなまなましく濃厚に体験させ」ることの意味について、古来からの身体療法が積極的に与えようとしてきた「急激な身体的侵襲」を挙げ、それらのあいだに共通の理念や作用があるとすれば「それは身体面への非特異的な衝撃であって」それこそが「病者から疎外された身体を再び全一的な身体に統合し、主体的に生きなおす一つの有力な契機」を提供すると述べている。[13] このように見ると、和太鼓演奏を通して、皮膚感覚における振動の体験から身体と外部との境界を感じ、また外部世界における自分の身体像を感じながら運動感覚によって身体内部の感覚を伴って主体的に動くという体験――即ち、外側から対象身体として、同時に内側から主体身体として、「自分の身体」という実感を得る体性感覚の体験は、身体的侵襲という形ではなく「非特異的な衝撃」を提供し得るのではないかと考えられ、精神病者をはじめ、身体を含めた自身の実感や自分の存在の確かさの感覚をテーマに持つ人々において、身体の側から実感を取り戻す契機の一つとして有効に活かされ得るのではないかと考えられる。[11]

●深部感覚の体験

最後になってしまったが、深部感覚について見ていこう。この感覚は、身体の内部において体験される感覚のうち、「身体の内側にドーンと響く」という身体の深部において体験される感覚である。和太鼓の音は非常に長く響く重低音であり、特に胴体が木製のものはアルミニウム胴の太鼓と比較しても、その振動が特徴的であると言われている[14]。そのような音の個性のためか、演奏者からは、身体の内奥に響く感覚の体験が多く語られる。

皮膚感覚もそうであるが、この感覚は能動的な動きに伴う感覚ではなく音の振動によって生じる受動的な感覚であるため、演奏者のみならず聴き手にも大きな体験となっている。聴き手の体験として、和太鼓の生演奏を聴いていて「理由はよく分からないけど泣いてしまった」という語りをよく耳にする。このとき、多くの人が、いわゆる名演奏を聴いて感動して泣いてしまったという体験と、体験として「少し違う感じ」を持っていることは興味深い。和太鼓の生演奏を聴いて涙が出る時、そこで体験されているものは、「理由はよく分からない」と語られるようにとても無意識的な体験であるように思われる。ご存じの通り和太鼓にはリズムはあるが音階がない。メロディに比べ、リズムは人間の原始的次元に作用すると言われている[15]。和太鼓演奏がもたらすこの体験は、メロディに対する意識的な感動ではなく、身体における感覚の体験による無意識的な反応の部分が大きいように思われる——もっとも、人がメロディに対して感動する場合も、意識的と言い切って良いものかは難しいところであり、言葉、メロディ、音、声などは、そのものが持つ具体性と抽象度が為すスペクトラムによって、それぞれ独自の意識から無意識への働きかけ易さが在るであろうことを想定するしかないのだが——涙が出た理由の代わりに「内側にドーンと響く」感じがよく語られることからも、この「理由はよく分からないけど泣いてしまった」という反応をもたらしているものは、身体の深部での振動の体験が大きく関与しているのではないかと思われる。

身体の捉え方と身体感覚の位置づけ

深部感覚の有用性について話す前に、和太鼓演奏における身体の体験について検討する中で見えてきた身体の捉え方と身体感覚の位置づけについて話しておきたい。この身体の捉え方と身体感覚の位置づけは、和太鼓演奏における身体の体験について検討する中で見えてきたものであると同時に、和太鼓演奏における身体の体験の有用性について説明する際に役立つと感じられるものである。

和太鼓演奏者の語りを聞いていると、心と身体は一体であるということをとても感じさせられる。先ほども話したように、和太鼓演奏においては身体を感じるということが音を出すというプロセスの一つとして体験されており、良い音を出そうと心掛けているうちに、自身の身体の軸や重心、力の入れ方、抜き方といった身体の使い方が体得されていくのである。また、自身の身体の使い方は、自身の心にとって「しっくりくる音」を出すという表現の中で体得されていくことから、心で感じることと身体の感覚は、同一の表現において統合されている。つまり演奏者は、自身の身体と心を常に通わせることとなる。また多くの演奏者から、演奏過程において自身の精神状態が音に反映されるといった体験が語られる。音に反映される精神状態には、自身が意識していないようなものも含まれており、「音を出してみて気がついた」といった語りも見られる。さらに「体調」までもが音に反映すると感じられており、実際に演奏者から「心と身体は繋がっている」と語られることも多い。

このような語りを長く検討していたこともあってだろうか、私自身、心と身体は繋がっているという考え方に拠るところが随分と大きくなっているように感じる。臨床においても、心と身体の繋がりは強く感じるところであり、何か嫌なことがあると身体に異常がなくてもお腹が痛くなったり、逆に嫌なことが全くなくても病気でお腹が痛ければ気持ちも沈んでしまうことがあるのは多くの人によって感じられていることだろう。そして、筆者の研究の主軸となっている「体験」というものは、この心と身体が一体であるところにおける現象なのだと思うのである。「体験」が自身の研究の主軸となってから、筆者の中で「精神」や「身体」といった言葉の意味するものは変わってきているように思う。『自我篇』でも触れたが、「精神」と「身体」は、それぞれに別のものを意味するものとして作られた概念である。「精神」と「身体」が別のものを意味する概念であるならば、それらはそもそもこの世を生きている人間においては体験されないところの状態であるようにさえ感じられる。もっと極端な言い方をするならば、「身体」は医者の専門領域、「精神」は霊媒師の専門領域と言えるのではないだろうか。先ほど運動感覚のところで、能動的でない運動感覚の体験は、能動的な運動感覚の体験と、体験として異なるだろうということについて述べたが、物体としての肉体、即ち「身体」においては、能動的な運動によるものであれ、電流という外的な刺激によるものであれ、筋肉が強化されるという結果において同じものとなるだろう。我々にとって、能動的でない運動感覚の体験と能動的な運動感覚の体験が、体験として異なるのは、その体験が「精神」と別のものとしての「身体」における結果ではなく、心と一体であるところの身体、即ち生きている身体における現象であるからだと感じるのである。そして、我々心理臨床家が対象としているのも、「身体」や「精神」ではなく、心と身体が一体であるところ、生きているところにおける体験なのだと思うのである。

この心と身体が一体であるところを意味するものとして、「み」と「私」という概念を取り上げておきたい。「み」は「精神である身体」もしくは「身体である精神」を意味しており[16]、この心身同一のところを意味するもののうち、「ノエマ的な『もの』の次元に属している」のが「み」であり、「ノエシス的な『こと』

の次元に属している」のが「私」とされている。[17] 先ほど述べた何か嫌なことがあると身体に異常がなくてもお腹が痛くなったり、逆に嫌なことが全くなくても病気でお腹が痛ければ気持ちも沈んでしまうのは、この「み」や「私」における現象だと言える。我々心理臨床家が対象にするのは、身体と精神が一体であるところ、つまりは生きているところでの体験であり、それは「み」や「私」における体験ということになろう。

ところで、木村は「み」と「私」について言及する中で、「種々の精神病像はすべて『み』の変化」とみることができると述べ、「すべての精神症状は、これを『み』の症状として捉えるかぎりにおいて、身体療法によって接近可能」であると記している。これは、「精神的変化への身体的接近」の可能性を意味しており、身体における感覚の体験の心理臨床学的有用性を考える上で非常に拠り所となる記述と言えよう。木村は「私」と「み」は、日常的存在様態においてはつなぎとめられているが、ある種の精神的極限状態になるとその存在論的差異が解離すると述べ、「私」がこの「み」性を失って、現実の時間・空間の枠組みを超えた無限の中に遊離してしまう状態が統合失調症の自己拡散であり、「み」がこの「私」性を失い、空虚で非歴史的な形骸と化した状態が離人症であると説明している。[17] このように捉えると、先ほど体性感覚の心理臨床学的有用性の対象として考えたものがより掘り下げられて見えてくる。筆者は、以前、体性感覚の心理臨床学的意義について論文にまとめた際、[11] 体性感覚を体験することは「精神病者をはじめ、離人症状を抱えた人や自傷行為を行う人など、身体を含めた自身の実感や自分の存在の確かさの感覚をテーマに持つ人々において、身体の側から実感を取り戻す契機の一つとして有効に活かされ得る」のではないかと、その対象となり得る人をかなり大きな括りで想定し記していた。しかし、木村の「み」と「私」の概念を用いた精神病像の説明を考慮すると、体性感覚の体験は、「身体を含めた自身の実感や自分の存在の確かさの感覚をテーマに持つ人々」の中でも、特に「私」が「み」性を失っている人においてその有用性を発揮する体験と言えるのではないかと感じるようになったのである。身体の感覚の体験は、「み」と「私」で言うならば「み」における体験と言えるだろう。「身体性を再びなまなましく濃厚に体験させ」ることを目的とした身体療法は、「み」における感覚の体験を通して、失われつつある「み」性を取り戻すことをねらいとしていると考えられ、このように見ると、身体の側から実感を取り戻す契機の一つとするという体性感覚の有用性は、「み」における感覚の体験を通して「み」性を回復することによって、自身の実感や自分の存在の確かさの感覚を取り戻すということにあると言えるだろう。

つまり、皮膚感覚の体験、運動感覚の体験を含む体性感覚の体験は、「私」が「み」性を失うことによって精神病的極限状態となっている人々（木村は、統合失調症の自己拡散を挙げている）において、「み」における感覚の体験によって、「み」性を取り戻す契機の一つとして、心理臨床学的有用性をより発揮するのではないかと思われるのである。

体性感覚の心理臨床学的有用性について勘案される図（図5）は、深部感覚の体験の心理臨床学的有用性についての図（図6）とともに、後に記している。

深部感覚の体験の心理臨床学的有用性

最後に、深部感覚の体験の心理臨床学的有用性について検討しよう。体性感覚の体験は、「私」が「み」性を失うことによって精神病的極限状態となっている人々において心理臨床学的有用性をより発揮するのではないかと述べたが、筆者は、反対の「み」が「私」性を失うことによって精神病的極限状態となっている人々において、この深部感覚の体験が心理臨床学的有用性を持っているのではないかと感じている。

本章で深部感覚と呼んでいる感覚の体験は「内側にドーンと響く」というものであり、内臓感覚と呼べる可能性も感じるほど、身体の内奥における感覚を指している。内臓感覚は身体の感覚の中で最も無意識的な感覚と言われており、体性感覚は内臓感覚と繋がることから無意識への通路を持つ感覚とされている。「内側にドーンと響く」と語られる時に体験されているこの深部感覚が、内臓感覚と重なるものであるのかは定かではないが、皮膚感覚とも運動感覚とも異なる感覚として体験されるもので、普段あまり意識されない身体の内奥において感じられる感覚であることを考えると、和太鼓演奏において体験される身体感覚の中では最も無意識に繋がる位置にある感覚と言えるものであると考えられる。

ところで、内臓感覚が無意識的という話から、身体の話をしていたのに、精神における概念が登場し困惑された方は居られないだろうか。無意識という言葉は、S・フロイトが人間の精神を説明するために用いた概念であるわけだが、フロイトは心的構造論において、「エスの身体的なものへ向かっている末端は開いている」るとし、「無意識的なエス」の下が開いた図を示している[18]。また河合も、心的エネルギーの流れを示す図において、心の最も無意識的なところに身体的エネルギーの行き来するところを記している[19]。これらの図からは、精神と身体は繋がっており、精神の最も無意識的な部分に身体が位置づけられていることが想定される。

さて、精神において意識的な部分と無意識的な部分があるとされていることは、多くの人によって知られていることであろう。そして精神における最も無意識的なところに身体が想定されていることから、精神と身体の位置関係はおおよそ捉えることができるとしよう。では、身体のほうはどうなのであろうか、身体感覚を軸に考えてみたい。まず、身体の表層における感覚、例えば指先で何かに触れる感覚、和太鼓で言えば音に包まれる感覚、これは皮膚感覚の体験であるが、この体験よりも、腕を動かす際の筋肉の感覚である運動感覚のほうが体験として意識されにくいことは想像していただけるだろう。もっと分かり易い例を挙げるならば、体性感覚のところで例に挙げた、手の甲を指で押す場面を想像していただければ、運動感覚よりも、触覚を代表する皮膚感覚のほうが意識され易いことが分かるだろう。さらに、この腕を動かす際の筋肉の感覚よりも、内臓における感覚の体験は、より意識されにくい感覚とされている。自身の臓器が消化に伴って生じる感覚等は、健常な身体においてはまず意識されないことも理解しやすいのではないだろうか。神経系を見ても、視覚や聴覚が直接大脳に繋がっているのに対し、皮膚感覚や運動感覚を含む体性感覚は脊髄神経系を経由して大脳に繋がっており、内臓感覚になると、自律神経系を経由する上に大脳皮質ではなく脳幹に繋がっているため、「体性感覚に比べても漠然として曖昧である」とされる。[10] このように、身体においても意識されやすい感覚と、意識されにくい感覚が存在しているのである。

精神には意識的なところと無意識的なところがあり、精神の最も無意識的なところに身体が位置づけられている。そして身体にも、意識され易い感覚と意識されにくい感覚があるのである。このように見てくると、精神と身体は、それぞれの無意識的なところにおいて繋がっているのではないかということが想定される。ここで、精神と身体はそもそも異なるものを意味する概念であることから、精神と身体が一体となるところを意味する「み」と「私」の概念を用いて捉え直すと、「み」と「私」は、「み」における最も無意識的なところと、「私」における最も無意識的なところにおいて、繋がっているのではないかということになる。そもそも「み」も「私」も、心身同一のところを意味する概念ではあるが、それぞれに「ノエマ的」「ノエシス的」なところを指していることから、この二つのあいだには同一性は成立しないと言われている。この心身同一のところを意味する概念である「み」と「私」が、それぞれの最も無意識的なところにおいて繋がっており、その繋がっている部分における「み」の身体感覚が、本章で深部感覚と呼んでいる感覚ではないかと思うのである。

ここで、このような検討をするうちに勘案された身体（「み」と「私」）の捉え方と、身体感覚の位置づけについてまとめたものを、図1に示す。この図は、市川の言う「み」と「私」の概念と木村の考えを軸にしたものである。なお図2は、図1に示した「み」と「私」が、日常的存在様態と精神的極限状態でその繋がり具合を異にすることを示している。

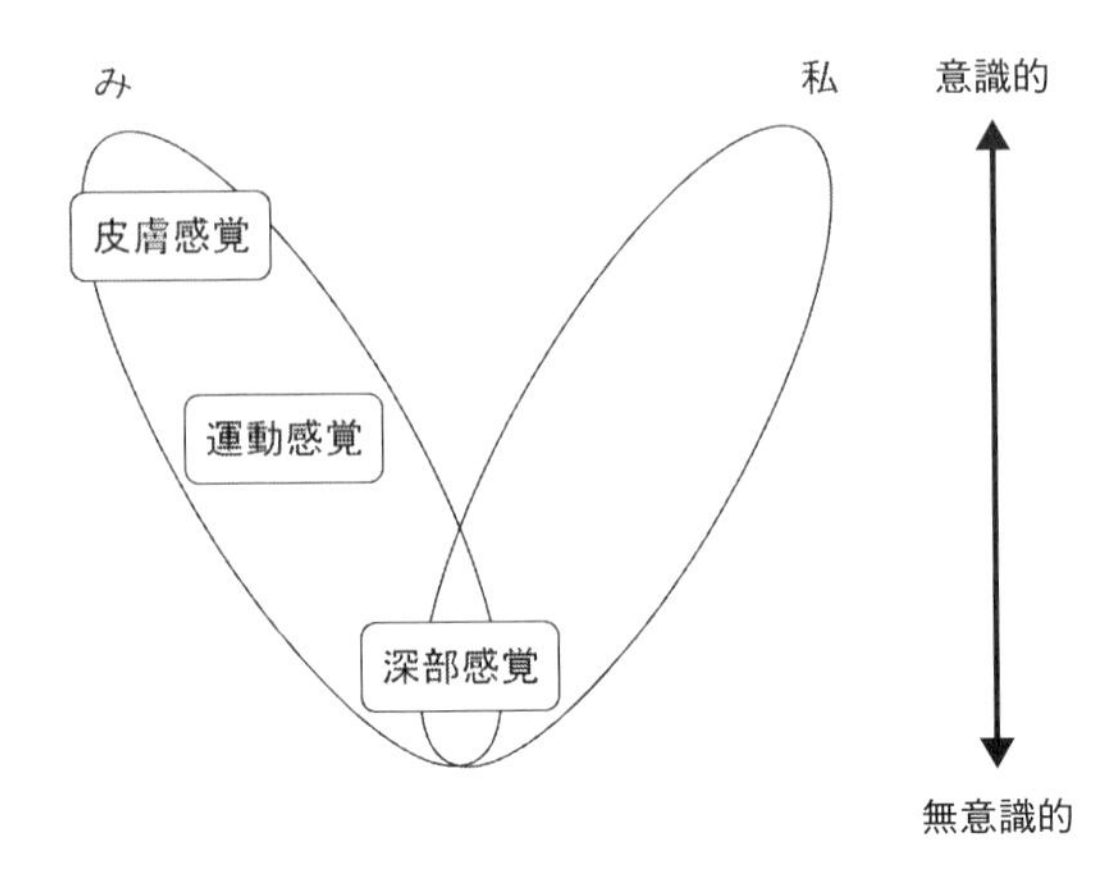

図1　身体の捉え方と身体感覚の位置づけ

先ほど、身体の感覚は「み」における感覚であると述べた。体性感覚の体験によって得られる「自身の身体」のような実感は、限りなく「私」における体験とも言えるものであると考えられるが、身体の感覚として捉えると体性感覚もやはり「み」における感覚の体験であると言えるだろう。そして同じように、深部感覚も身体の感覚としては「み」における感覚ということになる。深部感覚は、本章において登場する身体感覚の中では、最も無意識に繋がる感覚であると位置づけた。そして「み」と「私」は、それぞれの最も無意識的なところで繋がっていると考えると、深部感覚は、「み」における身体感覚でありながら、「私」にも作用し得る感覚として、その有用性が期待できるのではないかと考えられる。

やや観念的な話が続いたので、ここで簡単な例え話を取り上げよう。そんなに重要な話ではないので、小休止時の雑談程度に聞き流していただいて構わない。先ほど、電流を流すことで筋肉の強化を図る機械についてお話しした。筆者の個人的な好みを言えば、健康を意識した運動にしてもダイエットにしても、水泳やヨガ、ランニングなど自分で身体を動かす方法のほうが好きなのであるが、そのような機械を用いた方法は、メカニズムとしては気になるところが多いため、ネットやＣＭなどで取り上げられていると見入ってしまうところがある。その中で、筋肉の強化とはまた違い、電流ではなくラジオ波というものを流すことで痩身を図る機械の説明を目にすることがあった。その痩身のメカニズムは、脂肪が身体に蓄積し凝り固まると、脂肪はセルライトというものになってしまい、一旦セルライト化した脂肪は、凝り固まっているため普通の運動やマッサージの効果が出ない状態になっているとのこと。そこで、そのラジオ波というものを凝り固まった部分に流すことで、凝り固まったセルライトがほぐされ、ほぐれると、通常の運動やマッサージが効果を発揮する状態になるというものであった。

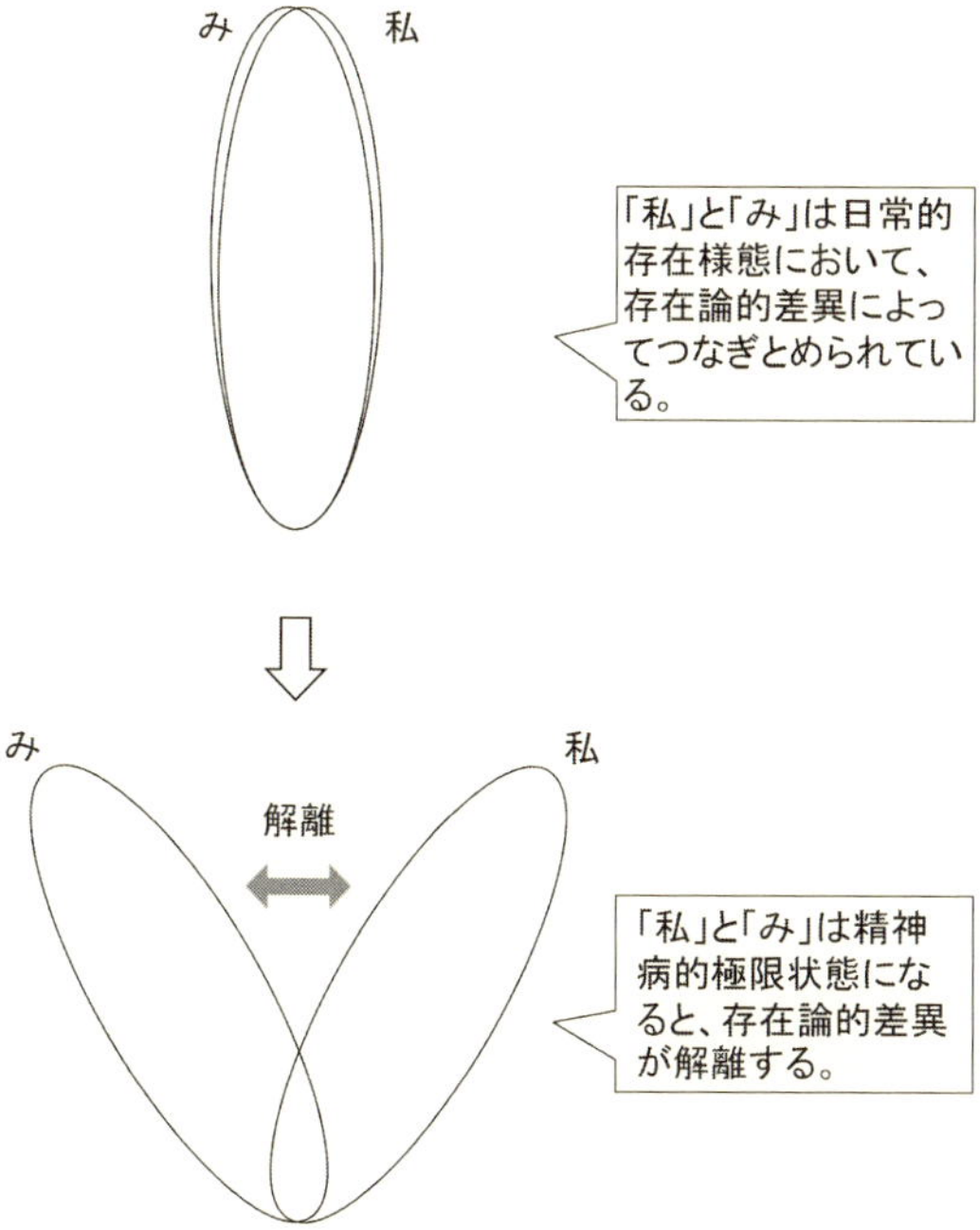

み
私
「私」と「み」は日常的存在様態において、存在論的差異によってつなぎとめられている。

み
私
解離
「私」と「み」は精神病的極限状態になると、存在論的差異が解離する。

図２　日常的存在様態（上）と精神的極限状態（下）における「み」と「私」の繋がり具合の違い

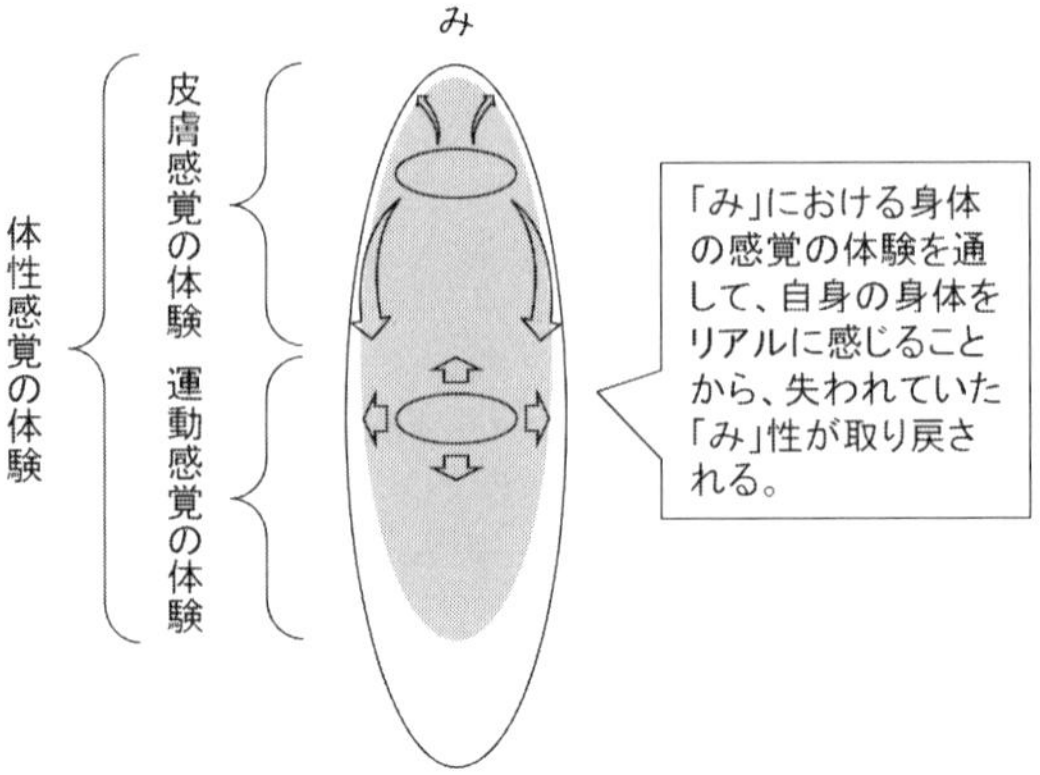

み
皮膚感覚の体験
運動感覚の体験
体性感覚の体験
「み」における身体の感覚の体験を通して、自身の身体をリアルに感じることから、失われていた「み」性が取り戻される。

図3　身体療法における体験（「み」における身体の感覚の体験を通した「み」性へのアプローチ）

実際にこの瘦身法に効果があるのかは筆者の知るところではないのであるが、このメカニズムの説明には妙に納得させられるところがあるように感じられた。深いところが凝り固まっていると、凝り固まっていない状態であれば機能する通常の方法が効果を発揮しないというあたりは、心においても言えることのように感じられる。表現・芸術療法では、無意識にあるイメージを客観視できる形にするというイメージの意識化が有用な点の一つとされており、山[20]は「深みからイメージを拾い上げ、可視的な形に造り上げ、そしてそれを見る」ということを「深みからの上昇、意識化」として重要視している。このように精神療法において無意識にあるものを意識に上げることの大切さは、広く言われていることであるが、無意識にあるものを意識に上げようにも、深いところが凝り固まっていて言葉が紡がれない人もいる。心身症のクライエントと関わっている時など、深部からほぐすことの必要性を切に感じる。

恐らく、身体療法がねらいとしている「み」性へのアプローチにおいては、「み」における身体の感覚である皮膚感覚や運動感覚の体験は効果を発揮するだろう（図3）。しかし、「み」における身体の感覚である皮膚感覚や運動感覚は、「私」性までは届き難いと考えられる。「私」性へのアプローチをわざわざ「み」の側からするのは遠回りであり、「私」性へは「私」における体験を通してアプローチ（図4）すれば良いわけである。実際に、「み」性へのアプローチをねらいとして身体療法が行われているように、「私」性へのアプローチをねらいとして、カウンセリングをはじめとする精神療法が行われていると言えるだろう。

しかし先ほど挙げた心身症などは、精神療法的接近が困難な状態となっているわけであるのだから、「私」性における問題であるからと身体療法的接近を選択肢から外すのは、治療の可能性を狭めてしまうように感じられる。確かに、箱庭療法のような優れた表現媒体は、砂の触感や、フィギュアを自分で置くという体験を通しての「み」への作用が基盤として機能することも加わってか、精神療法的接近でありながら「み」における症状に作用し得るものであると感じるし、非常に優れた臨床家の中には、カウンセリングという言語的コミュニケーションを用いた精神療法的接近によって、「み」のレベルの語りを引き出せる人がいることも感じている。臨床においては、個人的にも技術や方法より関係性を重視していることもあり、私自身、精神療法的接近の可能性の大きさは信じて止まないところではある。しかし、臨床家が本気で関わることを重要視するあまり精神論の強調に走ってしまい、用いる媒体や素材の個性を理解もせずに方法を軽視している人を見るとそれもまた違うと感じる。特に研究者としての立場から見ると、やはり適した対象者に適した療法を提供できるように、選択肢の可能性は増やしておくべきだと感じるのである。一般的に「身体的変化への精神療法的接近は精神的変化へ

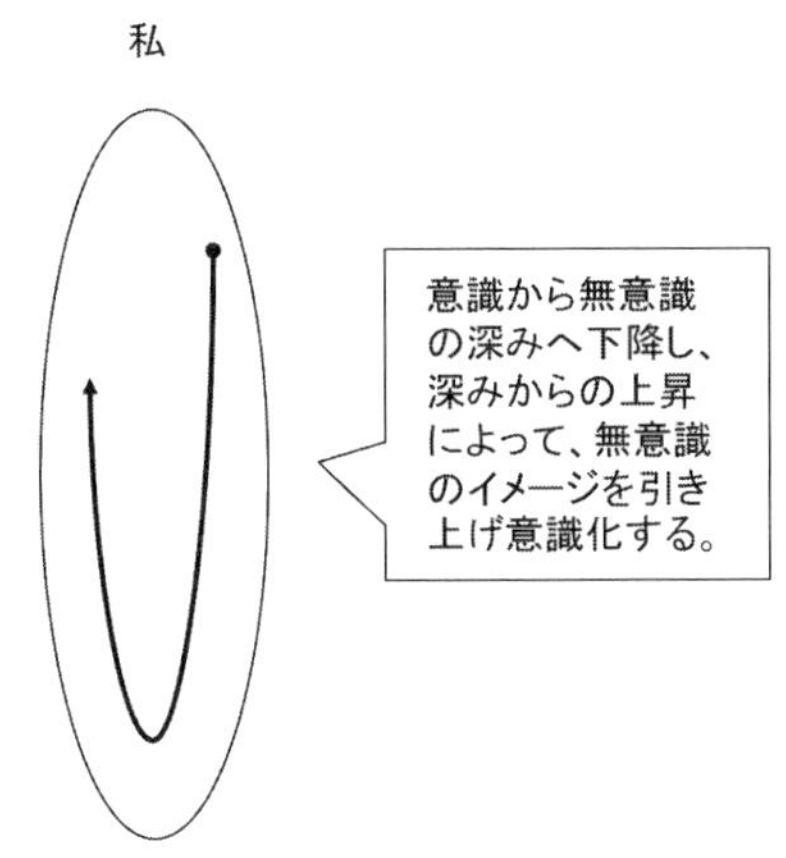
私
意識から無意識の深みへ下降し、深みからの上昇によって、無意識のイメージを引き上げ意識化する。

図４　精神療法における体験（「私」における体験を通した「私」性へのアプローチ）

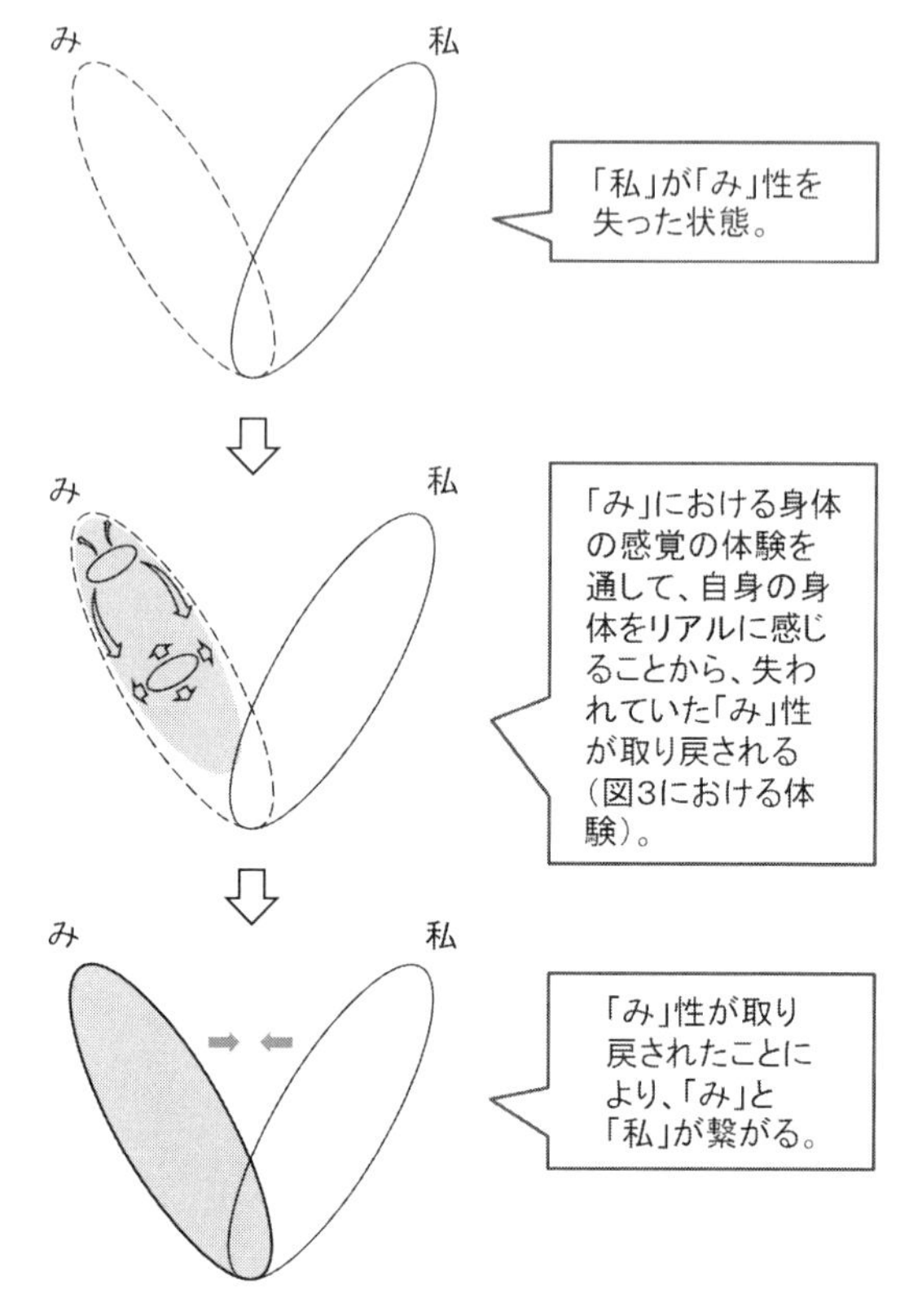

図５　体性感覚の体験の心理臨床学的有用性
（「み」における身体の感覚の体験を通した「み」性へのアプローチ）

の身体療法的接近に比してより困難[17]」とされていることを考えても、「み」の側から「私」性へアプローチすることができるならば、それは「精神的変化への身体療法的接近」の一つとして有用な可能性と考えられるように思うのである。そして、深部感覚の体験は、「私」と繋がっているところの「み」における体験として、「私」性に届き得る体験となるのではないかと考えられる。特に、精神療法的接近が困難な、「私」性が凝り固まっているような状態において、深部感覚の体験は、「み」における感覚の体験から、身体療法的接近として「私」性へ作用することが可能なのではないかと感じるのである。なお、ここでは「私」性が凝り固まっているという言い方をしたが、このような「私」性が凝り固まっていると感じるような状態のとき、恐らくその主体者の「私」性は、木村の言うところの「私」性が失われている状態なのではないかと感じる。そして「み」性と「私」性のどちらかが失われた状態が精神的極限状態であり、その場合に「み」と「私」は解離するのだと思われる。

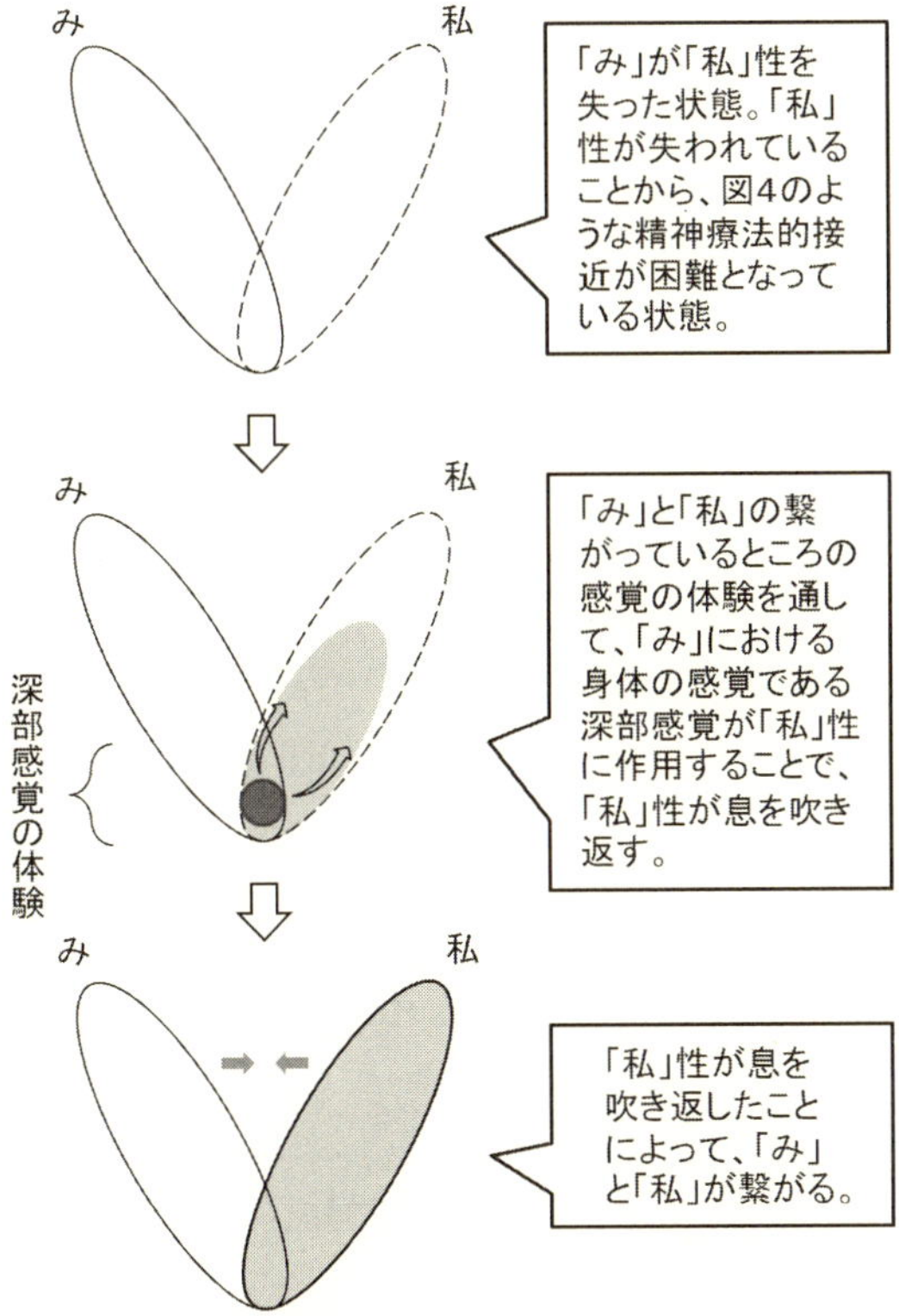

み
私
「み」が「私」性を失った状態。「私」性が失われていることから、図4のような精神療法的接近が困難となっている状態。
み
私
深部感覚の体験
「み」と「私」の繋がっているところの感覚の体験を通して、「み」における身体の感覚である深部感覚が「私」性に作用することで、「私」性が息を吹き返す。
み
私
「私」性が息を吹き返したことによって、「み」と「私」が繋がる。

図6　深部感覚の体験の心理臨床学的有用性
（「み」における身体の感覚の体験を通した「私」性へのアプローチ）

つまり、深部感覚の体験は、「み」が「私」性を失うことによって精神病的極限状態となっている人々に（木村は、離人症を挙げている）おいて、「私」と繋がっているところの「み」における感覚の体験によって、「私」性を取り戻す契機の一つとして、心理臨床学的有用性をより発揮するのではないかと思われる。

図5、図6は、それぞれ体性感覚の体験の心理臨床学的有用性と深部感覚の体験の心理臨床学的有用性について勘案されるものを図化したものである。

従来、身体療法は「み」における身体の体験を通して「み」性へのアプローチを図り、精神療法は「私」における体験を通して「私」性へのアプローチを図るという形で発展してきたものが多いように思われる。いずれのアプローチも非常に重要なものであると感じるが、「私」性が失われた状態において「私」の体験を通して「私」性へのアプローチをすることは困難である場合がある。深部感覚の体験は、「み」と「私」が繋がっているところの「み」における感覚の体験であることから、「み」における身体の体験を通して「私」性へアプローチするという、新たな可能性を持った体験であると考えられる。

語りとバウム

深部感覚の可能性について思うところをお話しさせていただいたが、深部感覚が「み」における身体の感覚でありながら「私」にも届き得るものなのではないかということは、和太鼓演奏者の語りを検討している中で感じられてきたものである。ここでは、このような深部感覚の可能性を私に感じさせてくれた語りの一つを、その方のバウムとともに提示させていただこうと思う。この語りには、和太鼓を演奏している際の身体感覚の体験はあまり登場しないが、語り手が自身の「変わったこと」として話すそのエピソードの中に、

「変わった」というその変化の背後に、「私」性の変容と、その変容の契機として和太鼓の音がもたらした身体の体験の大きさのようなものが、体験の核として潜在的に含み込まれて語られているように感じるのである。このように、深部感覚の可能性について今後検討していく上でも非常に意味の深い語りであると思われることから、この語りを提示することとした。

ちなみにこの語りは和太鼓演奏における体験について語ってもらったインタビューの一つであり、ケースではないことを先に断っておく。したがって、この語り手には何か医学的な診断が出ているわけではないし、治療として和太鼓を演奏しているわけでもない。このような体験の検討をしていると、「和太鼓を叩いていたから症状が治ったとは言えないではないか！」といった意見を耳にする。確かに体験の語りだけから和太鼓によって症状が治ったというようなことは言えないであろう。しかし、このような体験の語りからは、何かをしたら何かが治ったという因果論的な実証ではなく、その語り手がどのような体験をしていたのだろうという視点から得られる知見がとても多くもたらされるように感じるのである。Aさんの語りからも、和太鼓が症状を治すものであるといったことを言いたいのではなくて、Aさんが体験した身体の感じ方について、その背後にある変容から示唆される、和太鼓演奏がもたらしえる体験の可能性を感じていただければと思っている。

なお、語りやバウムから感じられるものはとても多く、その検討も様々な視点から行うことが可能であると思うが、ここでは、本書のテーマである身体に焦点を当てた体験の可能性という視点から思うところを言葉にしている。

［語り手：Aさん］

地域の和太鼓サークルに所属している二〇代の女性。和太鼓サークルの活動は、週に一回二時間程度。X－二年九月にインタビュー実施。インタビュー実施時、Aさんは和太鼓歴約三年。Aさんが「音に身体が乗るようになってきた」と感じたのはX－四年一二月頃だったとのこと。

補足

語りは非常に個人的なものであることからプライバシーを遵守するためごく一部において修正を加えているが、体験の意味が変わることのないよう内容はそのまま記載している。

また語り手であるAさんには、シンポジウムの前（×年一月二七日）と本書の原稿の入稿前に、今回提示する語りとバウムについて確認してもらった上で、シンポジウムでの提示と書籍への掲載について本人の同意を得ている。なおバウムについては、書籍に掲載するということが、Aさんの心の内奥にあるものを無防備に晒すような感覚が筆者自身の中からずっと抜け切らなかったことから、筆者による模写に替えることも考えその旨をAさんに伝えたところ「この絵を描いた時の自分も、この時の自分として生きていたので、載せてあげてください」との言葉が返ってきた。この言葉からは、表現するということの本質のようなものや、バウムに息づいているものの存在をAさん自身が感じていることが伝わってくるように思われる。そしてそのような表現に息づくものの存在を感じた上で掲載に同意するとの意向を示してくれたことからは、ある種の覚悟のようなものが感じられ、バウムを模写に替えることのほうが調査に協力してくれたAさんに対して失礼であるように感じられた。このようなやり取りを経たことから、Aさん自身の描いたバウムを掲載することとした。

［Aさんの語り］

和太鼓を始めたきっかけは、初めて聞いたときに、何かあるなって。ピアノの生演奏を聴きに行ったことがあったんですけど、そのときに、生演奏を聴いてるのに全く何も感じない自分がいて、結構ショックだったんです。歌とかでも、曲より歌詞に注目するほうだったので、歌詞が無いピアノの演奏で何も感じないのは、無理ないんですけど。でも、太鼓の音は、初めて聴いたときに、何か無条件に自分の中で動いたところがあって。歌詞が無いのに自分が何かを感じてる、何かあるなって。それで始めて。

太鼓を始める前と比べて変わったことは、最近は、歌詞が無い曲も楽しめるようになってきました。太鼓は歌詞が無いので、歌詞が無い曲に慣れてきたのかもしれないです。歌詞の無い曲って、自分にとっては、音でしかなかったんですよね。聞こえるから聴覚的な刺激では在るんですけど、聴覚刺激でしかないというか、それ以上の意味を持たないものという感じで。でも今は、太鼓の音の、その一音に込められているものみたいのを感じるんですよね。変わってきたのは最近ですけど。映画とか観ても、前はストーリーが全てだったんです。それがつい最近、アニメ（『つみきの家』[21]）を観ていて、背景の、空の感じとか、水の色の感じとかを観て、涙が出てきて。前の自分だったらあり得ないことだったなと。自分がストーリーじゃなくて、色自体に反応するなんて。歌詞のある曲も、映画のストーリーも、頭で考えるものというか、意味の明確なもので。でも歌詞のない曲とか、太鼓の音、音そのものって、映画の背景の空の感じとか、色そのものと近い感じがして。前の自分は、そういう頭で考えるものしか解らなくて、それ以外のものは、何というか化学的な刺激でしかなかったんだけど、それが感じられるようになってきたのかもしれないです。頭で考えるんじゃなくて、感じてる。心が反応するというか。でも、前も頭で考えたことには感動することもあったので、何だろう。身体で感じてるのかもしれないです。

他に変わったこととして……。結構、誰とでも、身体の関係を持ってしまうところがあったんですけど。それが、完全にではないですけど、減ってきてます。前は、関係を持っても、大して何も感じてなくて。心も身体も、麻痺してたって言ったら言い過ぎかもしれないけど、どこか他人事な感じで。実際始まっちゃうとよく覚えてないし、なんか、物としての身体と、それを普段操ってる心が、普段は（心が身体の）中に入ってて操ってるけど、始まると身体に入ってなくなるみたいな、だから他人事みたいで。

太鼓を叩いてるときは、気持ちが良いんですよ。心地良いっていう気持ち良さもあるんですけど、安心感みたいな。自分の身体が自分の身体じゃないみたいな、自分から離れた物みたいな感覚は結構昔からあったんですけど、太鼓を叩いてるときは、自分を感じられたんですよね。自分の身体が物じゃないって感じられる時間だから、だから安心感なのかな。

たぶん私は、昔は、ピアノの音みたいなものには感動できなくて、心と身体が遠いというか、バラバラで、心自体もガチガチに固くて。ピアノの振動くらいじゃ感じ取れないくらいに麻痺してて、身体の感覚に届かなくて。誰とでも関係を持ってしまうとか、そんなことをしても、それが本当は悲しいことだって気づけなくて。でもそんな自分にも、しっかり届いた音だったのかな、太鼓の音は。そこから感じられる部分が少しずつ広がって、それで普通の人が感じ取れるものも、感じ取れるようになってきたのかも。よくは分からないし、それだけではないとも思いますけど。もちろん人との出会いに恵まれたこととかも関係してると思います。でも、太鼓も関係があるんじゃないかなって。ほとんど死んでて、かろうじて生きてる部分が在って、そこに届く音だったんだと思います。そこに届いてくれたことに感謝してるので、だから太鼓には感謝してるんです。

今は、前よりは、心がちゃんと身体に入ってる感じがします。入ってるって言うか、納まってるかな。

一体みたいな、ちゃんと繫がってる。だから痛いことも痛いって思える。誰とでも身体の関係を持ってしまうのが減ったのは、それが悲しいことなんだって感じ取れるようになってきたからかな。後、そんなことをしなくても、身体でくっつかなくても、たくさんのものを感じられるようになってきたからだと思います。あの頃、肉体関係を持つことで感じようとしてたものよりも、今、手を繫ぐこととかで感じられるもののほうが、よっぽど大きいように思うので。

以上がAさんの語りである[22]。この語りからは、Aさんの中で本人にとって意味深い大きな体験が為されていることが感じられるが、この語りを和太鼓演奏における身体の体験という視点から検討する際に最も興味深いものの一つは、「(自分の身体が)ほとんど死んでて、かろうじて生きてる部分が在って、そこに届く音だった」という和太鼓の音についての語りであるように思う。この語りからは、Aさんにとって身体の大部分が、生きている身体の感覚からはほど遠く感じられており、そんな身体においても感じることのできた数少ない対象として、和太鼓の音が位置づけられているように感じられる。そして、その「かろうじて生きてる部分」における感覚の体験が、大部分の「ほとんど死んで」る身体において、生きている身体の感覚が息を吹き返す上での一つの契機として体験されているように思われる。

Aさんは、太鼓を始める前と比べて変わったこととして、大きく二種類の変化について語ってくれている。一つは、自分が感動する対象の変化について。もう一つは、身体を介した関係性の持ち方の変化——もっと正確に言うならば、身体を介して関係を持つ際の、自身の身体の感じ方の変化についてと言ったほうが良いだろうか。この二つの変化は一見質の異なる変化のように感じられるが、どちらの変化もその背後に在る変容と、変容の契機となった体験は、Aさんの中で同じものとして感じられているようであり、その体験こそが「かろうじて生きてる部分」における感覚の体験であると思われる。

一つ目の、感動する対象の変化については、表現に関連する体験も大きく関わっているように思われる。実際、和太鼓の音が音階を持たない「音そのもの」であることの体験は、多くの人によって語られる意味深いものと言えよう。言語的コミュニケーションを得意とする人が、非言語的コミュニケーションにおいて体験するものは大きいと考えられ、そこには表現媒体の抽象度といった要素が関わっていると予想される。ここで興味深いのは、ピアノの生演奏、歌詞が無い曲、色等、Aさんにとって「頭で考えるもの」や「意味の明確なもの」以外の多くのものが在りながら、それらは「何も感じない」「それ以上の意味を持たないもの」として体験されただけで、変化の契機にはなり得なかったということである。これは、単に抽象度が高いという要素では、変化の契機にはならないことを意味しているだろう。つまり、和太鼓の音は抽象度という表現に関連した軸の他に、もう一つ別の軸を持っており、その軸において他の「意味の明確」でないものと質を異にしていたのだと考えられる。そしてその軸は、「頭で考えるんじゃなくて、感じてる」「前も頭で考えたことには感動することもあったので、何だろう。体で感じてるのかもしれないです」といった語りから、身体に関連したものであるように思われる。また「歌詞が無いのに」と、他の抽象度の高い表現媒体と差別化するように、和太鼓の音によって「何か無条件に自分の中で動いたところ」が体験されたことが語られていることから、和太鼓の音が他の「意味の明確なもの」以外のものと質を異にしていたのは、身体の軸における、特に無意識とつながるところの感覚の体験、即ち深部感覚の体験をもたらし得るという点であったのではないかと考えられる。和太鼓の音は「かろうじて生きてる部分」である深部感覚に届き得る音であり、その音による感覚の体験を契機としたことで、深部感覚に届かない素材では効果を発揮しないほどに「麻痺」していた「私」性は、深部において感じることを体験し、息を吹き返したのであると思われる。

二つ目の、身体の感じ方の変化は、上記の「私」性が深部における体験から息を吹き返したことによって、「私」性が「み」と繋がり、本来の「み」としての身体を感じられるようになったことでもたらされたのではないかと思われる。「痛いことを痛いと思えない」身体は、本来の「み」として機能しておらず――このような身体におけるある種の鈍感さは、リストカットをはじめとする自傷行為をする人における身体の感じ方とも重なるように思われるが――これは、「み」が「私」性を失うことで、「空虚で非歴史的な形骸と化した状態」であると言えよう。身体の関係を持つこと自体は、身体があれば可能である。親密な関係を持てないことから肉体関係を持つという形で人間関係に嗜癖する人において、その人の関係性における親密性の成長にともなってそれまで可能であった肉体関係を持つという行為が困難になることがあると言われているが、[23]これは正に、物体としての身体で行為のみをすることと、「私」性と結びついた「み」において関係性を育むことの意味の違いを示していると思われる。もちろんこの場合の物体としての身体は医学的に死亡しているわけではないが、Aさんの「物としての身体」「始まると（心が）身体に入ってなくなる」といった体感からは、限りなくAさんによって生きられていない身体が体験されているように感じられる。変化の前のAさんは、「私」性と繋がっていない身体で肉体関係を持つという行為をしていたため、その行為が「痛い」ということを感じられなかったのではないだろうか。そして同時に、「痛い」ということを感じられないその身体は「私」性と繋がっていないがゆえに、Aさんが「肉体関係を持つことで感じようとしてたもの」――それは恐らく目には見えない関係における親密性のようなものだと予想されるが――そのようなものも感じることのできない身体であったのではないだろうかと感じる。「私」性を取り戻した「み」としての身体は、「痛いことも痛いって思える」身体、「（誰とでも身体の関係を持つことを）悲しいことなんだって感じ取れる」身体、「身体でくっつかなくても、たくさんのものを感じられる」身体と語られており、それはまるで「痛いこと」「悲しいこと」を感じ取ることのできない物体のような身体が、「感じ取れる」ことにおいて生きている身体として息を吹き返しているようである。

「そこから感じられる部分が少しずつ広がって、それで普通の人が感じ取れるものも、感じ取れるようになってきた」という語りからは、「私」性が深部から息を吹き返したことによって、それまで機能していなかったところでの感じられる部分が広がっていることが伺える。また「肉体関係を持つことで感じようとしてたものよりも、今、手を繋ぐこととかで感じられるもののほうが、よっぽど大きいように思う」という語りからは、「私」性と繋がっていない身体では感じることのできなかったものが「私」性と繋がった「み」において感じられているように伝わってくる。Aさんの語りからは、Aさんの「私」性の変容に伴う「私」における感じ方の変化と、「私」性が変容し「み」と繋がったことで生じた「み」における感じ方の変化が体験として息づいているように感じられる。そして、それらの変化の背後にある「私」性の変容の契機として、和太鼓の音による深部感覚の体験が存在しているように思われるのである。

このように、深部感覚は、「み」における感覚でありながら「私」にも繋がるところの感覚として、「私」における「深みからの上昇」を必要としていながら、精神療法的接近が困難な人において、「み」における感覚から「私」性に作用し得る感覚として機能する可能性が感じられる。深部感覚の体験によって「私」性が息を吹き返したことで「み」が「私」性と繋がり、本来の「み」としての身体が感じられるようになるのならば、深部感覚の体験は、「私」性が息を吹き返す上で、大きな契機となり得るように思われる。

〔バウム〕

語りを先に紹介したが、次にAさんのバウムを紹介する。バウムは、一枚目が上記の語りよりも二年前に

表3　バウムとインタビューの実施時期と実施時のAさんの和太鼓歴

実施項目	実施時期	実施時のAさんの和太鼓歴
一枚目のバウム	X－4年9月	約1年
インタビュー	X－2年9月	約3年
二枚目のバウム	X－1年9月	約4年

＊Aさんが「音に身体が乗るようになってきた」と感じたのはX－4年12月頃とのこと。

描いてもらったものであり、二枚目が語りのさらに一年後に描いてもらったものである。一枚目のバウム実施時、Aさんは和太鼓歴約一年、二枚目のバウム実施時は和太鼓歴約四年である。バウムとインタビューの実施時期等については表3に示しておく。

なお、描画は鉛筆と共に色鉛筆（二四色）を渡し、自由に彩色も行ってもらえる形で実施している。使用する色の変化についても興味深いものがあると感じるが、今回は色については検討していない。

一枚目のバウムは、Aさんが和太鼓を始めて約一年の頃に描かれたものである。所要時間は三〇分程度（所要時間は彩色時間も含めた時間である）。描くときに、樹冠の部分――幹から枝にかけての線を何回も何回も重ねて描かれ、見ているこちらが、鬼気迫るエネルギーの強さを感じさせられるような、そんな描き方であった。描き終わってからPDI[24]を尋ね、最後にこの木について思うことなどをつけ加えてもらうのだが、Aさんは「すごくよく描けたと思う。これ以上の木は存在しないと思う」と語っていた。

一枚目のバウムの印象を述べると、木のように感じられないというのが強い。全体としてクラゲのようであり、上のほうは形からキノコのようにも見える。クラゲにしてもキノコにしても――どちらも生命を持ったものではあるのだが、どこか動物や植物とは言い難いような、空疎さを感じさせるものであるように思う。実際クラゲもキノコもからだの大部分が水分であるため密度は低く、か

一枚目：X－4年9月

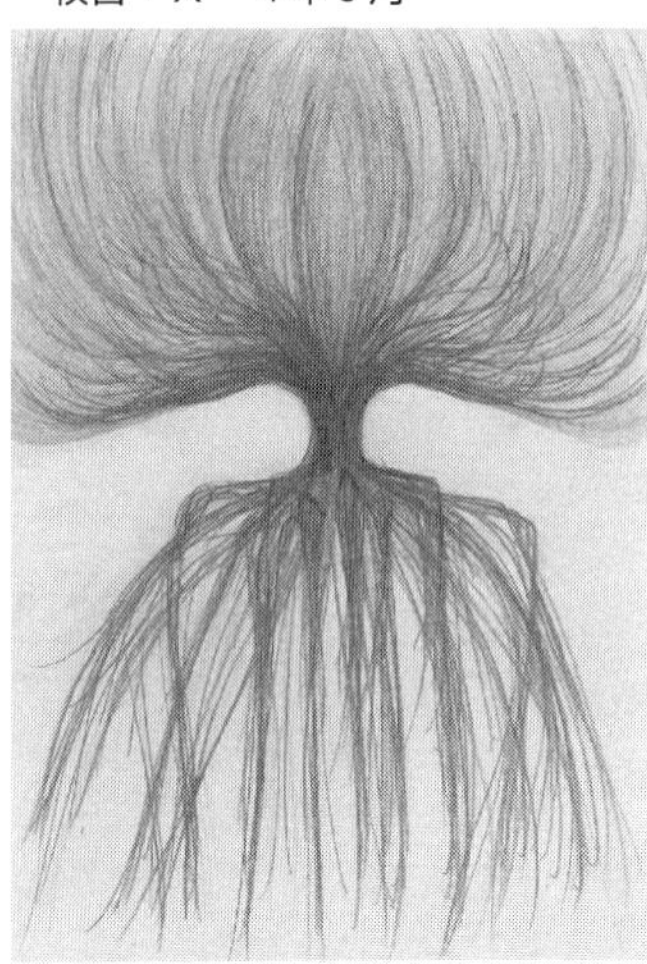

ＰＤＩ

何の木：心の木。
樹齢　：樹齢は無い。
高さ　：この世の概念から外れている。
場所　：立ってない。
季節　：無し。
天気　：無し。
時間　：無し。
この木はこれからどうなりますか
　　　：ずっとある。エネルギーを循環させ続けながら。

二枚目：X－1年9月

ＰＤＩ

何の木：実の生る木
樹齢　：15年くらい。
高さ　：５メートルくらい。
場所　：自然がたくさんあるところ。草原のような広いところだけど、他にも木も生えてるところ。
季節　：春の初め。
天気　：晴れ。良い天気。暑くもなく、寒くもなく、心地よい風が葉を揺らしている。
時間　：昼過ぎくらい。
この木はこれからどうなりますか
　　　：暖かくなるにつれて、もう少し実をつけて、実は食べる人の糧になって、寒くなるにつれて葉を落として、春になったらまた若葉が芽生えて、実をつけて……命が尽きるまで精一杯生きる。

らだとしての内側は空疎であると言える。もっと直観的な印象としては、ジブリの『ラピュタ』[25]の木が最後に飛んでいくときのあのイメージと重なるところがあり、本来「土地から離れては生きられない[26]」はずであるにもかかわらず、「これ以上の木は存在しない」とする本人のコメントも含め――この世の原理を無視してでも神であろうとしているような、そのような印象を受けるバウムであった。

全体的な印象を述べたが、細部についても感じるところを述べておきたい。まず枝の辺りから。枝は何回も重ねて描いているのだが、線を引くという描き方であったこともあり、枝としての実体や、枝である部分と外的世界との境界が非常に曖昧になっている。そのせいか、幹から上の樹冠である部分が、逆さまにするとヒヤシンス等の単子葉類の根のようでもあり、身体における上下の感覚に違和感を覚える。また、根づけていないというのもかなり特徴として大きく思う。ＰＤＩにおいては「エネルギーを循環させ続ける」と語られており、根づけていないのにエネルギーを循環させ続けるというその感じからは、自身の実態を体感を伴って感じられていないことからかなりの無理が生じているように感じる。真っ黒になるほど重ねて描かれた幹はあるが、そこから放出されるエネルギーをどうしたら良いのか分からず、ただ行き場なく流しているようである。精神のエネルギーが非常に強く、そのエネルギーが強すぎて逆に身体を食いつぶしてしまうのではないかという、エネルギーの強さに対して身体が無視されすぎているような感じを覚える。

一枚目のバウムを描いてもらった二年後に、インタビューを実施している。インタビュー内容は先ほどの語りであり、この時もバウムを描いてもらおうとしたのだが、紙を前にして、「今はちょっと描けないです」と言われたため、インタビューのみの実施となった。

二枚目のバウムは、Ａさんが描けないと言われたインタビュー時よりさらに一年後である。この時はまた三〇分ほどの時間をかけて描かれ、一生懸命に黙々と取り組んでおられる感じであった。エネルギーを注いで描かれているのではあるが、一枚目の時のようなやり場の分からないエネルギーを放出するといった鬼気迫る感じではなく、きちんとエネルギーを込めつつ、あるべきところに収めつつ描いておられるような、そのような感じであった。一枚目のバウムと比べて顕著な違いとして感じられるのは根づけているなということである。木の根づいている場も描かれており、そこには「他にも木がある」というふうに語られており、自身の身を置く場や、世界に居る自分というものが意識されるようになったのではないかと感じる。ＰＤＩからも、この世界における時間の感覚を持つようになったことや、自身もこの世界において、生命として有限である身体を持った存在であることが感じられるようになっているように思われる。また一枚目の枝が線であったのに対し、二枚目のバウムでは枝の先端まで一生懸命描かれ、葉の一枚一枚も丁寧に描こうとされる。一枚目のバウムから感じられた中身の空疎さは感じられず、実体や境界の在る身体が感じられる。やや左のほうに生っている実からは「産む」ということが連想され、異性との関係を持つ手段としての身体とは質の異なった、本来の女性としての役割を持った身体を引き受けられつつあるようにも感じられる。根元の形状は脚を広げているような印象もあり、性に絡んだ傷みのようなものを帯びているようでもあるが、その傷みを感じられるだけの身体が体感として感じられるようになっているからこそ描かれたものであるように思われる。

この木について本人のコメントとして「まあ、よく描けたと思う」と。前の木について尋ねると、「どんな木を描いたか覚えています。でもあの木は今はもう描けないです」「こっち（二枚目）の方が好きかな」と語っておられた。

実存的身体心像――バウムの重さという視点

もう一つ、Aさんのバウムについて考えをめぐらす上で、特に大切だと思うところに触れておきたい。筆者はバウムを見るとき、描き手が自身の身体をどのように感じて生きているのだろうかという視点を一つ持つようにしている。バウムと身体との関係についてはこれまでも様々なことが述べられてきているが、そこでは、どのようなバウムが描かれたかという客観的視点からの考察が中心となっているように思う。描かれたバウムが客観的に見てどのようなバウムであるのかという視点からの考察は重要であるが、筆者はそれと同じくらいに、そのようなバウムが描かれたとき、そのようなバウムを描いた描き手にとって、描き手自身の身体はどのように感じられていたのだろうかという視点を大切にするようにしている。そして、このような、描き手が内側から感じている身体――それは物としての身体ではなく、「私」であり「み」であるところのもの――描き手によって生きられている身体を含めた存在の在り様のようなものが（筆者はそれを、実存的身体心像と呼んでいるが）、表現には現れ得ると感じられる[27]。表現に反映された描き手にとっての身体の体感を、バウムを通して見る――というより感じるようにしているのである。このような視点でAさんのバウムを見ると、一枚目のバウムからは重さが感じられないのである。このバウムには、実体としての重さを持った「み」が無い。言い変えるならば、描き手の「み」は、実体としての重さを持った身体を感じられる状態にないことが伺える。

「私」性が暴走し、「み」がないがしろにされているような印象を受けるのである。一方、二枚目のバウムからは、きちんと重さが感じられる。「私」性とつながることで、実体としての重さを持った身体を感じられる状態となった「み」が紙面に在る。この二枚のバウムを見ると、描き手であるAさんが、自分の身体として感じられていなかったところを、三年という時を経て、自分の身体として感じられるようになりつつあることを感じる。Aさん自身、「人との出会いに恵まれたこととかも関係してると思います」と語るように、和太鼓を叩いたことのみを原因としてこのような変化が起こるといった短絡的なことが言えるとは考えていないが、これもまたAさん自身が「でも、太鼓も関係があるんじゃないかなって」と語っているように、重さを伴う身体や、境界を持った実体ある身体を感じるようになりつつあること、また痛みを感じる身体や、本来の身体の在り方を引き受けつつあること、そして生命として有限である身体を意識するようになっていること、このような身体の感じ方における変化の背後に存在する変容がもたらされたその契機の一つとして、和太鼓演奏における身体の感覚の体験が在るのではないかと感じるのである。

まとめ——身体感覚の心理臨床学的有用性

和太鼓演奏における身体の感覚の体験について、多くの人から共通に語られるものを挙げてきた。最後に紹介した語りとバウムは一名の検討であり、もちろん安易に一般化できるものではないが、個の体験は掘り下げていくと普遍に達することもまた事実であり、Aさんの語りも、実証の根拠としてではなく、体験から得られるものの可能性を考える上では多くの示唆を与えてくれているように思う。

このように和太鼓演奏では、皮膚感覚、運動感覚、体性感覚、そして深部感覚が、自分で音を出すという能動的な表現過程のもとに色濃く体験されている。各身体感覚の体験は、皮膚感覚の体験からは身体における内部世界と外部世界の境界を意識する体験、運動感覚の体験からは重さを持ったこの世界における身体の

表4　各身体感覚における心理臨床学的有用性を持つと考えられる体験

身体感覚	心理臨床学的有用性を持った体験
皮膚感覚	・身体における内部世界と外部世界の境界を意識する体験 ・全身の身体像の体験
運動感覚	・重さを持ったこの世界における身体の体験　・全身の体験 ・主体的な身体の体験
体性感覚	・自身の身体における実感の体験 ・身体も含めた、自身の存在の確かさを感じる体験
深部感覚	・無意識的な深部における感覚の体験 ・「み」と「私」の繋がっているところの感覚の体験

体験やその身体を主体的に動かす体験、また皮膚感覚と運動感覚が結びついて働くところの体性感覚の体験では、自分の身体という実感、身体も含めた自身の存在の確かさの体験が為されており、深部感覚の体験では、身体においてかろうじて生きていると感じられるところでの感覚の体験から「私」性が息を吹き返すような体験が為されている。心理臨床学的有用性を持つと考えられるこれらの体験について、身体感覚ごとに簡単にまとめたものは表4に示しておく。

そして、これらの身体感覚の体験は、「み」における感覚の体験として、身体療法的接近の糸口となり得るものであると考えられる。体性感覚の体験は、「私」が「み」性を失っている人において、体性感覚を通して「み」に作用することで「み」性を取り戻す契機として、深部感覚の体験は、「み」が「私」性を失っている人において、「み」における深部感覚の体験を通して「私」に作用することで「私」性を取り戻す契機として、心理臨床学的有用性を持った体験となり得るのではないかと感じる。体性感覚と深部感覚の心理臨床学的有用性と、対象となるであろう精神病像について、木村[17]の考えを参考にまとめたものを表5（次頁）に示す。なお、木村は「私」が「み」性を失っている人として「統

表5　体性感覚と深部感覚の心理臨床学的有用性と、対象となるであろう精神病像の例

身体感覚	心理臨床学的有用性	対象となる精神病像の例
体性感覚（皮膚感覚・運動感覚を含む）	「み」における身体の感覚の体験を通して、自身の身体をリアルに感じることから、失われていた「み」性が取り戻される。	自覚的存在としての人間の在り様に深くかかわるもののうち、「私」が「み」性を失っている人
深部感覚	「み」と「私」の繋がっているところの感覚の体験を通して、「み」における身体の感覚である深部感覚が「私」性に作用することで、「私」性が息を吹き返す。	自覚的存在としての人間の在り様に深くかかわるもののうち、「み」が「私」性を失っている人

合失調症の自己拡散」を、「み」が「私」性を失っている人として「離人症」を挙げているが[17]、対象となる精神病像の具体的な例については、今後検討していく必要があると考えられる。

おわりに

和太鼓演奏において体験されているもののうち、身体に関連するものについて話すところから始めたが、後半は和太鼓演奏における体験を切り口とした身体論のようになってしまったように感じる。最初にも述べたが、和太鼓演奏を一つの切り口として体験について掘り下げていると、和太鼓の可能性とともに、そこから見えてくる体験自体の可能性についてとても感じさせられるところがある。今日お話ししたポジションにおいても、皮膚感覚と運動感覚の両方が色濃く体験されているものは少ないと考えられ、そこに和太鼓の個性を感じることができる。さらに深部感覚の体験を表に加えるならば、和太鼓演奏は第五ポジションとでも

呼べるような新たな可能性を持った表現過程であると言えると思う。しかし同時に、身体感覚という視点で表現過程を整理していくと、皮膚感覚、運動感覚、そして深部感覚の体験という要素を満たすものとして他のものも挙がってくるように感じられる。各要素の体験の強さには各表現過程の違いがあることが予想されるが、体験される身体感覚の種類のみに着目するならば、タップダンスなどは和太鼓演奏と身体における体験としてはかなり近いものが得られるのではないかと感じるところである。さらに、表現過程に絞らなければ、体性感覚の体験などは水中歩行においても近いものが体験されると考えられ、身体における体験の可能性は非常に広がりがあると感じられる。

このように体験の検討をしていると、いつも自身の他分野における専門的知識の無さを痛感する。私は残念ながら、音楽にもスポーツにも精通していない。自分の専門分野においても、一つの対象に対して自分が感じている可能性をきちんと言葉にする知識を身につけることは難しいため、最も自分が心惹かれた和太鼓を切り口として専門性を深めているわけであるが――もし各専門家が、他の表現過程や活動において各人の切り口から体験について掘り下げたものを、共通する軸に基づいて整理するということができたならば、心理臨床学分野における身体療法はその有用性を飛躍的に伸ばすのではないかと感じる。恐らくそれは、他分野の専門家が、同じ目的、理解、想いを持って協力することで初めて成り立つことなのかもしれないが、自身の専門性を一生懸命に深めている人たちが、他の専門分野と繋がるところを確認した上でその違いを整理することは、自分の切り口から専門性を深めることと同時に必要なことのように感じた。和太鼓演奏における身体の体験をまとめつつ、そのようなことを感じていた。そういった意味では、体験が深く広く亘っている和太鼓演奏は、和太鼓演奏自体の体験の可能性を感じさせてくれると同時に、身体の体験の可能性を考える上でも役に立ち得るものであるように感じられるのである。

自身の思うところをかなり自由にお話しさせていただいた。身体に焦点を当てた体験だけでもかなり多岐に亘ることから、身体とも関係していると感じつつ、リズムに関すること等、今回ほとんど触れられていないものも多い。まだまだ言葉にできていないところも、今後検討していかなければいけないところも非常に多くあるが、和太鼓演奏における体験と、その心理臨床学的有用性の可能性について少しでもお伝えできていれば嬉しく思う。また、このような体験の検討は、本日のAさんをはじめとして、自身の体験を語る——それは、本当に「み」も「私」も総動員させて言葉を紡ぐようなことであると感じるのだが——そのような、体験を語ってくださる方が居られることで可能になっていることであり、大切なものを言葉にしてくださっている和太鼓演奏者の方々に、心よりお礼を申し上げる。

文献と注

（1）清源友香奈（2009）和太鼓演奏の心理的効果——語りからの検討：M-GTA分析を用いて．『日本芸術療法学会誌』40, 78-85.
（2）勝木保次（1966）「第Ⅵ章　感覚の機序」時実利彦（編）『脳の生理学』朝倉書店　p. 168.
（3）Klein, Jean-Pierre.（1997）*L'art-thérapie*. Presses universitaires de France.〔J-P. クライン／阿部惠一郎・高江洲義英（訳）（2004）『芸術療法入門』白水社〕
（4）河合隼雄（編）（1969）『箱庭療法入門』誠信書房
（5）安藤は倍音構造以外にも、音の立ち上がりにおける過渡的変化や、振幅の時間的変化の様子、雑音的成分の存在なども、楽器音のそれらしさを構成する重要な因子であると記している。
安藤由典（1996）『楽器の音響学（新版）』音楽之友社
（6）中村明一（2010）『倍音：音・ことば・身体の文化誌』春秋社
（7）中井久夫（1985）「絵画療法の実際」『治療（中井久夫著作集2）』岩崎学術出版社　pp. 165-173.
（8）野村るり子（1976）分裂病者等の治療場面における粘土造形について．『日本芸術療法学会誌』7, 73-79.
（9）藤岡喜愛（1983）『イメージ：その全体像を考える』日本放送出版協会

(10) 中村雄二郎（1979）『共通感覚論：知の組みかえのために』岩波書店

(11) 清源友香奈（2012）表現過程における体性感覚の心理臨床学的意義：和太鼓演奏者の体験の語りを通して．『心理臨床学研究』*29*, 694-704.

(12) 市川浩（1975）『精神としての身体』勁草書房

(13) 宮本忠雄（1977）『精神分裂病の世界（新装版）』紀伊國屋書店

(14) 西尾雅明・井研治（1999）和太鼓の振動分析．『電子情報通信学会技術研究報告．ＥＡ　応用音響』*99*, 39-46.

(15) 松井紀和（1980）『音楽療法の手引：音楽療法家のための』牧野出版

(16) 市川浩（1977）生ける身体（こころとからだ――東京都精神医学総合研究所　第4回シンポジウムから）．『精神医学』*19*, 1150-1157.

(17) 木村敏（1978）「み」と「私」：共同主観的精神医学の構想．『精神神経学雑誌』*80*, 206-210.

(18) Freud, S.（1916-1917）*Vorlesungen zur einführung in die Psychoanalyse*. H. Heller.〔S．フロイト／高橋義孝・下坂幸三（訳）（1977）『精神分析入門（下巻）』新潮文庫〕

(19) 河合隼雄（1977）『無意識の構造』中公新書

(20) 山愛美（2001）「造形の知」と心理療法．『心理臨床学研究』*18*, 545-556.

(21) 二〇〇八年に発表された加藤久仁夫監督の日本の短編アニメーション映画。第81回アカデミー短編アニメ賞を受賞した作品。

(22) Aさんの語りは、木村が挙げている「音楽を聞いても、いろいろの音が耳の中へはいり込んでくるだけだし、絵を見ていても、いろいろの色や形が眼の中へはいり込んでくるだけ。何の内容もないし、何の意味もない」という離人症患者の語りと、体験として重なるところのあるものと感じられ、木村が離人症患者において世界が現実性を失い、自己が自己として自覚されなくなることを「共通感覚の障害」ととらえていることは、今後、対象となる精神病像を検討していく上で意義深いと考えられる。

井上晴雄（1956）離人神経症に関する一考察．『精神神経誌』*58*, 696.

木村敏（1976）「離人症」大橋博司・保崎秀夫（編）『精神症状学（現代精神医学大系3Ｂ）』中山書店　pp. 134-135.

(23) Norwood, R.（1985）*Women who love too much: When you keep wishing and hoping he'll change*. Arrow Books.〔R．ノーウッド／落合恵子（訳）（1988）『愛しすぎる女たち』読売新聞社〕

(24) ＰＤＩとは、Post Drawing Interrogation の頭文字を取った、被検者が描いた絵に対する一定の質問項目のこと。

(25) 一九八六年に公開されたスタジオジブリ制作の宮崎駿監督の長編アニメーション映画。正しくは『天空の城ラピュタ』。

(26) 『天空の城ラピュタ』のヒロインの台詞より。作中ラストにある、「ラピュタがなぜ滅びたのか、私よくわかる。ゴンドアの谷の詩にあるもの。『土に根を下ろし、風と共に生きよう。種と共に冬を越え、鳥と共に春を歌おう』。どんなに恐ろしい武器を持っても、たくさんのかわいそうなロボットを操っても、土から離れては生きられないのよ」という台詞。

(27) 山中は、身体疾患患者の表現において、「当人が身体そのものを意識して話しているわけではなく、また、全くといってよいほどそれを意識していない」のに「客観的な身体水準の出来事とパラレル」なイメージが現れることを報告し、無意識的身体心像と呼んだ。筆者が、実存的身体心像と呼ぶものは、山中が無意識的身体心像と呼ぶものとイメージの水準としては非常に重なるところのものであると感じられるが、無意識的身体心像が「身体状態ないし身体症状との符号」があると言われるように客観的な身体を反映したものであるのに対し、実存的身体心像は、本人にとって体感される身体（客観的身体が細身であっても、当人にとっては自身の身体が鉛のように重苦しく感じられていることがあり、反対に、客観的身体が肉付きの良い身体であっても、当人にとっては自身の身体が軽やかに感じられていることがあるように）を反映したものを意味している。

山中康裕（1985）「老人の内的世界」馬場謙一ほか（編）『老いと死の深層（日本人の深層分析11）』有斐閣 pp. 81-83.

第三章　歩き遍路の身体性
——心理臨床への道程

北村　香織

はじめに

臨床心理学に遍路？と不思議に思われる方もあるかもしれないが、遍路、ことに歩き遍路の道中、過程はまさに心理臨床の世界そのものである、と言っても過言ではない。このたび『日本の心理療法　身体篇』として、歩き遍路に白羽の矢が立ったことは非常に光栄なことである。他にも優れた研究者がおられる中で臨床家としても研究者としても若輩者である筆者が、限られた紙幅でどこまで伝えきれるか心許ないところではあるが、実際に遍路を一巡し、日々重ねてきた心理臨床の実体験から、今現在感じ導き出されてきたこととともに、歩き遍路における身体性から考える現代日本における心理療法のあり方や可能性について論じてみたい。日本的心理療法を考える上でわずかでも、何らかのお役に立てることができれば幸いである（写真1）。

写真1　読経するお遍路さん

遍路とはなにか

遍路とは、わが国の巡礼の一形態である四国八十八カ所巡礼のことを言い、八十八カ所をめぐる巡礼者をも指す。四国の人々は「お四国さん」と言うこともある。古来、巡礼とは洋の東西を問わず死出・再生の旅であった。熊野や四国の海辺のみち、あるいは他界を指す「辺土」が語源であるという説[1]があるが、ほかにも多くの巡礼があるなかで、何ゆえ四国八十八カ所だけが「遍路」という固有名詞を与えられているのかは不明である。順路としては一番から八十八番までの札所がちょうど四国を一周する形で配され、多くは海辺寄りの道だが内陸部や登山道など、実に変化に富んだコースになっている（図1）。一説[2]には海辺から九一〇メートルの山上まで全体の昇降距離を合わせると一万一九二五メートルになるとされ、体力のある若者であっても非常に厳しい道のりになる。一周の全行程は一二〇〇キロメートルとも一四〇〇キロメートルとも言われ、所要日数は徒歩で三〇～五〇日、車でも一週間から十日かかるとされる。遍路装束は死装束であり、お大師さんの化身である金剛杖は行き倒れた際に墓標となるもので、この杖とともに歩むことで「同行二人（どうぎょうににん）」となる。

ちなみに冒頭から使用している「歩き遍路」という呼び名であるが、これは歩いて巡る以外の遍路――観光バスでのツアーや自動車、バイク、自転車……さらにスケートボードで巡ったという人もいれば、チャーターヘリでの空中巡拝ツアーまである（！）――など、現代において巡り方の手段が多様化する中で相対的に出現し、定着したと思われる言葉である。「身体篇だから歩き遍路」というのでなく、後述するが、筆者は遍路の心理療法的意義において身体をしっかりと使うことが不可欠だと考えている。したがって本稿では

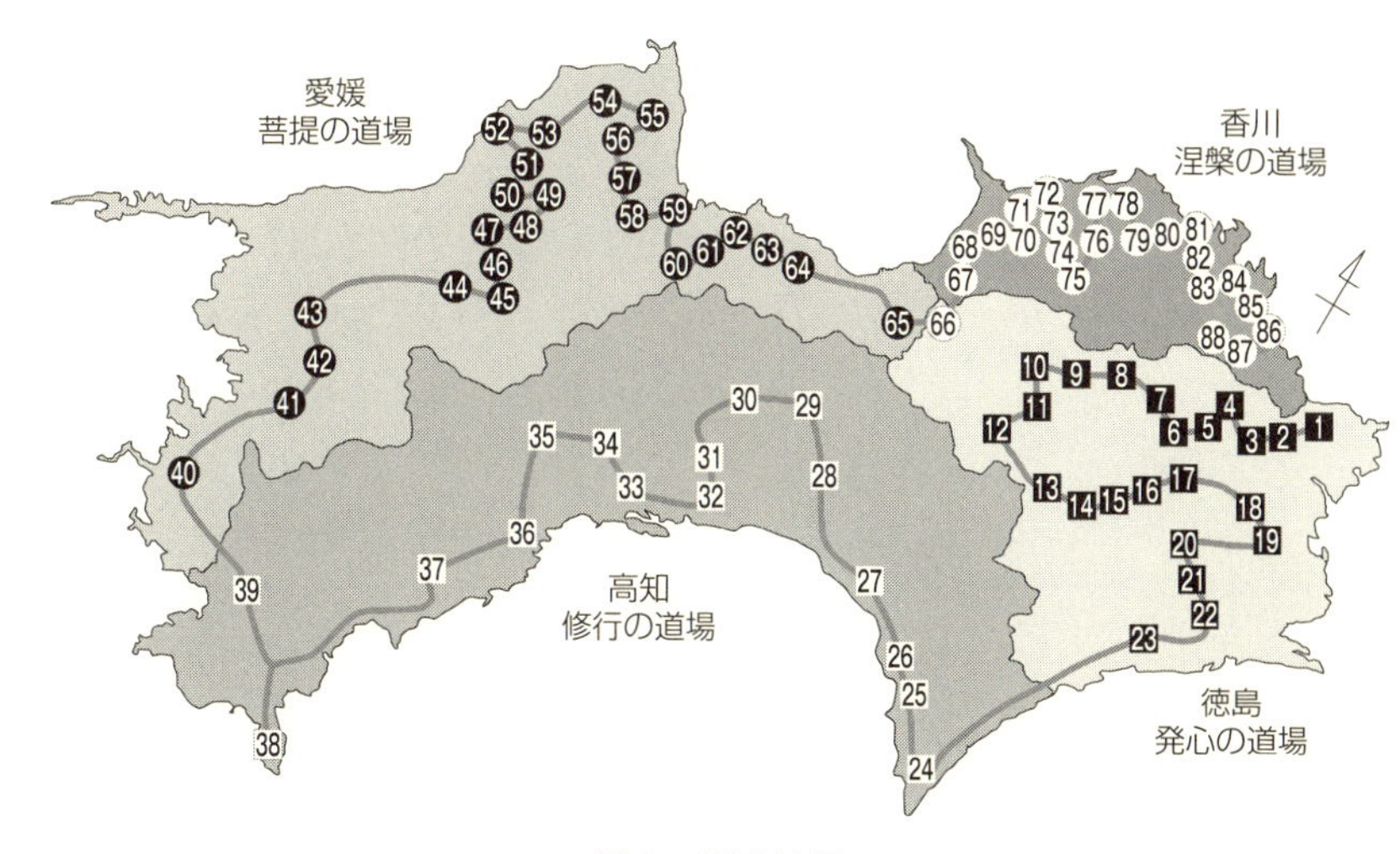

図１　遍路地図

「歩き遍路」にのみ焦点を当てており、以降「遍路」「お遍路さん」とは歩き遍路を指すこととご理解いただきたい。

遍路の今昔

遍路と言って真っ先に思い浮かぶのは空海であろう。空海が遍路を開設したと一般には知られているが確かな根拠はなく、むしろ史実から多くの研究者には否定されており、その成立については未だ結論は出されていない。各地で修行に励んでいたとされる青年時代、空海の足跡の多くは謎に包まれているが、第六十番、六十四番両札所とも所縁深い石鎚山や第二十一番札所奥の院の阿波大瀧獄、第二十四番札所のある室戸岬の地で修行に励んだことを空海自ら『三教指帰』の中で示している。つまり奈良時代の後期～平安初期の頃にはすでに四国の「修行のみち」は存在し、四国は修行地として開かれていたと考えられる。室戸岬は西の足摺岬とともに、今は世界遺産の熊野同様、西方浄土に渡る行——補陀落渡海[3]——の基地でもあったし、石鎚山や大瀧獄も山岳信仰によって開かれた修行地であった。熊野への修行の道である熊野古道に辺路と名のつく有名なルートがあるが、「へち」と読み、そうすると「辺地」に転じることができる。辺地とは、仏語では極楽浄土の辺界の地という意味があり、「へんち」と読めば僻地の意味になるが、谷口[4]はそういった「本来の意味とは別に、他界へと通じる場所という意味で用いられることもある」と述べている。

つまり遍路みちは一二〇〇年以上もの長い年月のなかで、有史以前の山岳信仰や海洋信仰、さらに弘法大師信仰などを摂取包含して徐々に形態を整えながら、多くの先達たちによって踏みしめられて現在(いま)に至り、社会環境の変化に応じながらその伝統を伝え、今なお現在進行形で存在し続けている。

これまでのその長い時間の歴史的経過、変遷をごくごく簡単に述べてみると次のようになる。詳細は別誌[5]にあるのでそちらをご参照願いたい。

便宜上ここではその起源を空海に置くと、まずは空海から彼を慕いその足跡を辿った修行者たちによっておおかた現在の遍路の基礎部分ができ上がってきた平安中期～後期までの「修行者の時代」、それ以後一般民衆が巡るようになり弘法大師信仰が全国に浸透、定着した南北朝～室町時代までを「信仰の時代」、現在の四国遍路が成立し、現世利益とくに病気平癒と死者供養を目的とした巡礼が中心になった江戸中期頃を「救済の時代」、江戸後期から明治、大正時代あたりまでの夜逃げ、癩(らい)病者[6]を中心とした社会からの排除者が集まった「はきだめ（弱者）の時代」という流れになる。ここで特に強調しておきたいのが、遍路の心理社会的底辺性……とでも言えようか。とにかく底辺の人々とともに、彼らを受容し包んでき続けた四国という土地の「大地性」である。遍路とともに我が国の巡礼の代表格である西国三十三カ所観音霊場は都からも近く、天皇をはじめ上流階級が盛んに詣で、寺院によっては有力貴族や武家との結びつきもあって華やかな印象も受けるのに対し、四国遍路のほうは名もなき修行者や低階級の人々が巡り、大飢饉や世情不安が続く江戸時代後期になると、農地を捨て遍路をしながら施しに頼る農民や夜逃げ、口減らしで故郷を出てきた者、病人などいわゆる「乞食遍路」「病人遍路」や「職業遍路」と呼ばれる人々が増加する。いずれも死を覚悟して遍路に出た者たちであったが、その背景にあったのが「お接待」である。お接待については後述するが、職業遍路に至っては「お遍路さんから買ったものを食べさせると病気が早く治る」などといった民間信仰や地元の習慣を利用して利益を得ていたらしい。しかし彼らのうちでも癩患者をはじめ「業病にとりつかれた」お遍路さんたちは遍路仲間からも差別され、お遍路さんたちが自由に利用できる通夜堂にも泊まれず寺の縁の下や洞穴で寝たり、通常の遍路みちさえ通れず、四国山脈や人里離れた険しい山道には彼ら専用の遍路みちがあったという(7)。こういったお遍路さんたちはかつての崇高で立派なイメージとは逆に穢れとか野蛮なイメージを地元の人々に植えつけていった。現在でも地元の高齢者のなかにはお遍路さんに対する反応や姿勢にそういった両価性がうかがえる人もいる。日本史の曙のころから死国とみなされ、社会的にも心理的にも底辺に位置するこの土地と流浪の人々にはどこか物悲しい陰影がつきまとう。しかしそれでもたくましく歩き、めぐり、命をつないできた遍路の永遠なる循環性のその中に一片の光みたいなものが感じられ——筆者はそこに惹きつけられてやまない。

さらにもう一点、四国遍路の懐の大きさというか茫洋と「何でもアリ」な許容範囲の広さも特筆に値する。四国遍路は複合信仰であり、各霊場の本尊も宗派も様々というより雑多で、大半が真言宗の寺院ではあるが、天台宗、曹洞宗、時宗なども見られる。また順路(8)においても元来は自由で一巡すればよしとする感じだったらしい。そもそも一番札所が霊山寺になったのも江戸時代、関東からの巡礼が上陸しやすかったからだという説もあり、今でも地元のお遍路さんは最寄りの札所から打ち始める人も少なくない。このような包容力というか寛大さ、それは庶民の感覚というか、神の目線——上から注がれるものでは決してなく、どこまでも大地の目線である。

●癒しの時代

この十数年、「歩き遍路」が注目を浴びている。第二次大戦後はモータライゼーションの影響等によって、歩き遍路は一時ほとんど廃れてしまっていた。わざわざ「歩き」を選ぶ現代のお遍路さんたちの増加はいったい何を意味するのだろうか。

現代の歩き遍路の特徴の一つに宗教的目的を第一としない、いわゆる「お気楽遍路」の出現があるのだが、西洋（例えばサンティアゴ・デ・コンポステーラ巡礼）でも同様の現象が起きており非常に興味深い。星野[9]も指摘しているように、「お気楽遍路」の多くは決して単なるレジャーやただの旅行者で終わるのではなく、意識の程度の差こそあれ宗教的体験と言えるようなことを実体験し、さらに「単に宗教的体験をした」というだけでなく、遍路の旅で出会う様々なことから新たな自己発見や気づきを得、人間的な成長へとつなげていく人が少なくない。意識的にしろ無意識的にしろ、自己鍛練や「自分探し」という理由の裏に流行の言葉で言えば「癒し」を、もっと具体的には別の次元での心理的な「開け」[10]を求めてはいないだろうか。現代の歩き遍路の復活、活況は遍路史において「癒しの時代」と言えるような様相を呈しているように思える。ただしそれは、決してかつての巡礼形態への回帰でも表面だけの「癒しブーム」でもなく、その奥深いところには現代日本人にとって必要な何かが内在するのではないか。そうした問いも懐に抱きつつ、遍路の現状を見ていこう。

昨今のお遍路事情

現代とはいっても十年ひと昔、筆者が一巡した頃と今現在ではまたずいぶんと変化がある。今の歩き遍路の三種の神器の筆頭は「ケータイ」であろうか。遍路地図を片手に迷いながら歩くお遍路さんよりも、スマートフォンのナビに導かれて歩く人のほうがもしかしたら多いのかもしれない。道中に必要な情報はその場で検索でき、歩きながらSNSにつぶやけばすぐにフォロワーから応援メッセージが届く――なんて今ドキな歩き遍路であっても、やはり自分の足で歩き、各自各所に配される「布置」にしたがっていくという基本に今も昔もなく、それこそを求めて現代のお遍路さんたちは歩いている、と筆者には思えたりする。ここで言う「布置」とはユングのいうコンステレーションのことであるが、日常とは違って非日常を歩いて移動する旅人にとって、その「布置」は非常に目に見えやすく身体で感じやすい。これがまず、歩き遍路の心理療法性における絶対条件になっていると言える。

歩き遍路の心理学的研究も近年さかんになってきている。たとえば藤原[11]は社会心理学の立場から歩き遍路の自己過程解明を試み、その動機や体験、残効についてまとめている。その中でお接待経験がお遍路さんに心理的変化を及ぼすことなどを根拠に、歩き遍路を一種の運動・精神療法として「巡礼心理療法」を提唱している。また福島[12]は健康心理学の観点から歩き遍路の体験過程に注目し、遍路の受容的、修養的な内的または外的な構造と「自由で護られた、外界とのつながりを維持・強化する独特の意味空間」を見出している。そうした遍路の構造、意味空間の中でお遍路さんたちがそれぞれ導入・準備期、不安・試行期、葛藤・危機期、自己探求・安定期、統合期、移行期という六段階の体験過程を経ることを指摘した（表1）。いつ誰が

表１　遍路における体験過程（福島、2006[12]をもとに筆者改変）

おおよその時期・場所	出発前	阿波（発心の道場）	土佐（修行の道場）	伊予（菩提の道場）	讃岐（涅槃の道場）	帰宅後
体験過程	導入・準備期	不安・試行期	葛藤・危機期	自己探求・安定期	統合期	移行期
課　題	旅立つこと	遍路構造への馴化	歩き続けること	自分らしくあること	遍路の総まとめ、意味づけ	日常への回帰
重要な存在	ソーシャル・ネットワーク 遍路経験者	←　自己 同行の遍路者 地元住民 大師　→				ソーシャル・ネットワーク
体験例	・遍路への動機づけ ・手記、ガイドブックなどを読む ・装備、携帯品準備 ・歩きの練習 ・旅程を組む	・参拝方法 ・接待の受け方 ・体力的不安 ・荷物の重さ ・不要な荷物を送り返す ・ルートの取り方 ・歩きのペース、リズム	・足のマメ、筋肉痛 ・肩の痛み ・疲労 ・ひとりで歩く不安 ・接待への感動 ・接待への負債感や抵抗感 ・遍路者意識	・遍路の身体になる（体力・体重） ・自分らしい歩きの追求 ・ひとりで歩きたい ・人生の振り返り	・遍路の過ごし方 ・結願への期待 ・名残惜しさ ・感謝の念とお返し ・遍路後の生き方の模索 ・至高体験 ・結願の感動 ・達成感	・遍路への渇望 ・足の痛み ・疲労感 ・身体のふわふわした感じ

言い出したのかは不明だが、四国四県をそれぞれ修行の段階に見立て「発心」「修行」「菩提」「涅槃」の道場と呼ぶ習わしがあり、それは何とも絶妙な表現なのだが、福島の体験過程も特に初めての遍路の場合はその通りの道程となることが多く、実に正鵠を射たものであると言える。また臨床心理学の立場からも、トランスパーソナル心理学に造詣の深い黒木がずばり「セルフセラピー」と述べており[13]、もはや歩き遍路の心理療法性の有無についての議論は不要であろう。

また実践のほうでは、古くは江戸時代から昭和初期頃にかけて遍路の低俗な環境を精神修養の場、成人の通過儀礼の場として年頃の青年や娘たちが遍路に出される慣習があったらしいのだが[14]、現在、遍路のお膝元の四国では小・中学校から大学までカリキュラムに歩き遍路体験やお接待体験が取り入れられ、情操教育や道徳教育の一環として効果をあげている。鳴門教育大学では、大学や小学校の教員らと小・中学生が泊まり込みで歩き遍路を体験する「子ども歩き遍路」を毎年開催し、リピーターも多く好評を博しているという。「いろんな学年や男女が関係なく深くつき合える機会は（他では）ほとんどない」「上級生が下級生の意見を汲んだり、わがままをなだめたりして、ルートを決めて、グループで歩き抜く経験は学校では味わえない」「達成感があった」との参加者の声が紹介されている[15]。また、ニートやひきこもりの若者の再出発の支援活動を行うＮＰＯ機関が人間体験の一環として二〇〇三年に始めた歩き遍路体験が、新たに百年間のお遍路リレー「百年遍路」となって二〇〇七年九月から実施中であるなど[16]、様々な領域で人と人をつなぐ遍路の効果が注目され、活用されている。

歩き遍路の心理療法性

●日本的心理療法の特徴について

ここまで遍路の変遷と現代における遍路の様子や意義について見てきたが、歩き遍路と臨床心理学との接点が決して小さいものではないことはお解りいただけたかと思う。筆者も縁あって十年来歩き遍路の心理療法性について考えてきたが、二〇〇〇年に歩き遍路の心理療法的要素として、身体との密接なつながりと、日本人の自然観からもたらされる自然や周囲の生命との「共生観」を挙げた。森田療法や内観療法など日本で生まれ育まれた心理療法においては、空間を移動していく遍路とは逆に一種の身体的拘束のような形ではあるが、しかし身体を通して得られる作用の高まりを重視していると言える。森田療法のキーワードでもある「あるがまま」や内観療法の内観のテーマは、親や先祖の恩に気づくことや自身の存在のその時々のあり方をありのままに受容することから癒やしの境地に達することができる。それはすなわち自分ひとりの力の限界を知り、自我を超えた「大いなるもの」の輪に他の生命とともに共生する宇宙の真理の一端に触れることであり、それこそが日本的な癒しなのではないか?

また身体性と自然性にセラピストの稀薄性を加えた三点が遍路との共通点であり、同時に日本的心理療法の特徴であることを指摘した。その当時、筆者は大学院修士課程二年目という今よりもっと若輩であり、臨床経験はわずかに大学附属相談機関における教育訓練の範疇で経験しているのみであった。体験欠如の自覚は持ちながらも致し方ない想いで上梓した論文ではあったが、あれから筆者なりに臨床経験も積み、改めて歩き遍路の心理療法性を考えてみると、ベースの部分は大きく変わってはいないのだが、身体とのつながり、自然（しぜん／じねん）とのつながり、そして人とのつながりという三点それぞれにより深化して自分のことばで述べられることが見えてきた。以下それらについて個々に述べていきたい。

●身体とのつながり

日本の伝統文化において身体が極めて重要な位置を占めることはよく知られている。心身一如ということばがあるが、もともとは「身心一如」だったことをご存知だろうか。鎌倉時代の書物[17]の表記では身心一如となっているが、ではいつ頃から逆転したのか？　解剖学者の養老孟司[18]はそれを江戸期あたりに見ている。表記上は混在していたが、一七世紀半ば頃から内容的には逆転して心のほうに重点が置かれていたのではないか、と。その唯心論的流れは現在にも受け継がれているが、文明の利器の進化にともなってわれわれ現代人には特にその傾向が顕わに「身体性の喪失」と言っても過言ではないくらいになっていると言えよう。だが身体自体がなくなっているわけではない。では実際に失っているのはいったい何なのか。

近年心理臨床の現場では「発達障害」がキーワードになっている。各学会などでも必ずと言っていいほど発達障害をテーマにワークショップや講演、分科会が企画され、希望者多数で抽選になるほど活況を呈しているし、実際に学校や地域保健の現場では発達障害を抜きにしては仕事にならないくらい、発達の課題を持つ子ども（あるいは大人）が急増している現状が確かにある。筆者の主な勤務先は中学、高校と地域の保健センターなのだが、学校は発達の問題もさることながら、来談の主訴として多いのはやはり不登校やリストカット、対人関係の問題が中心である。彼らや保護者の話を聴いていて筆者がつくづく感じさせられるのが、《頭でっかちやなぁ……》ということである。彼らは頭はいい。勉強ができるというよりも頭脳明晰というか、先はよく見えている。「こうしたらそうなる」という読みはとても妥当である。空気を読み、場の雰囲気を壊さないことにも非常に気を使っている一方で、身体は非常に重い。心的エネルギーが低下している時には身体も動かないのは自然なことだが、それ以上に頭にエネルギーを費やし、身体へのエネルギー供給回路自体が機能していないように見える子が少なくない。他方でそんな彼らが気軽に自分の腕や手首を傷つける。今どきの思春期の少女たちにとってリスカ（リストカット）は、一応校則では禁止されている学校帰りの寄り道（例えばファッションビルやゲーセン、カラオケとか……）に近い感覚なのかもしれない、と思えるほどに身近で日常の範疇にあるものになっている。

また地域保健領域では、一九九五年の「地域母子保健事業の実施について」という厚生省通知、二〇〇五年の発達障害者支援法の施行により、乳幼児健診からの早期発見・早期療育の理念が全国に浸透してきているが、発達の遅れや軽度発達障害が疑われる子どもたちに対する早期療育の支援内容には、各自治体によって差異はあるが主に「発達相談」「親子教室」、保育園や幼稚園への「巡回指導」がある。その中で直接子どもたちに働きかけることができるのは「親子教室」で、主として制作や運動といった身体や手先を使う遊びを通して乳幼児期に必要な刺激を与え、発達を促すことが期待されている。親子教室は健診の場から次の専門的な援助につなげるための橋渡し的な役割を担っているため、参加できる期間が限定的ですぐに発達促進の効果が見られるわけではないが、必要な刺激——普段の生活の中で味わいにくい感覚刺激を受けて、数回の通所で多少なりとも変化が見られる児も決して少なくはない。そうした心理臨床の現場での彼ら・彼女らとの出逢いの中で、筆者の中に新たに浮かび上がってきたテーマの一つが現代人の「感覚」の希薄性、アンバランスさである。身体の希薄性の裏には感覚の希薄性が大きく関与しているのではないか。リストカットや発達の問題も感覚と身体性という視点で見ていくことはなかなか実用的だと思われる。

ところで、ノンフィクションライターの山下柚実はあるエイズ患者の末期に寄り添い過ごす中で「感覚で感じ取る要素がいかに人間の身体や意識の形を決定するか、ということを目の当たりに」し、そして『五感喪失』の中でこう述べている。

エイズ患者の生と死に密接に接触する機会を持った私が目撃したのは、「五感で感じ取ること」の圧倒的な力だった。彼らにとって「生きる」ということの証とは、「感覚を際立たせて感じ取る」ことだった。人が生きることに真剣に立ち向かった時、そこに「五感を使って感じ取る」ことがあったという、単純だが見過ごされがちな事実だった。[19]

身心一如から心身一如になり、「身体が見えない時代[18]」となった現代社会。さらなる唯心論的こころ優先志向や癒やしが追求されるのはしごく当然かもしれない。歩き遍路に癒やしを求める人たちも、「自分探し」というような言葉の中にどちらかというと自身の気持ちや心の変化を期待している節も感じられる。しかし、そういった変化を実は支えているのは身体なのだ、ということを説明する前に、ここで一度「身体」について整理しておきたい。

「身体」については各分野でいろんな解釈や立場があるが、筆者のイメージする「身体」とは、身体心理学を提唱する春木[20]の人間理解（図2）にきわめて近い。春木によると人間は身体の次元と精神の次元という二つの次元で構成されており、身体の次元としては容れ物としての「身体」と中身が詰まった「身」が挙げられる。精神の次元のほうは、図では「霊」とあるが、筆者はこれを魂とほぼ同義ととらえている。それから「心」があり――この「心」と「身」とは直接結びついており、その二つの身体と精神の次元が、「気」で結びついて、その「気」によって行動や反射なども含む「行為」として表れる。ここには「頭」がないが

図2　新しい人間の全体像（春木、2011[20]）

（おそらく「体」にも「身」にも含まれていると思われる）、先に思春期の子の例で挙げたように「頭」というのは身体にも精神にも影響を及ぼす存在であるため、筆者自身は「気」のちょっと上のあたりで両軸にまたがって置けるのではないか、と現時点では考えている。先に心身一如の表記の逆転について触れたが、心身でも身心でも面白いことに読み自体は変わらない。そこには身－心は表裏一体であるとの認識の表れがあり、この図が示すのも同じところだと思う。この身体観というか人間観をベースに歩き遍路の身体性について論を進めていきたい。

●歩き遍路の身体性

歩き遍路の身体性といえば歩くことに尽きる。歩くという行為は足だけを使うわけでなく、股関節は体幹で肩胛骨とつながっており、実は全身を使う。たとえばムシャクシャした気分の時にスポーツをしてみたり、行儀は悪いがその辺のものを手荒く扱ったり等、ちょっと大げさに身体を動かしてみると意外とスッキリできたりするように、身体を使うことによって身体のレベルから「気」——気分や気持ちも含まれる——を整えることができる。各種ボディワークはまさにそれを目的として編み出され実践されてきたが、この観点からすると歩き遍路も一種のボディワークとして見ることも可能だと思う。殊に現代人の多くは、日常の世界にあっては「頭」の独壇場（自我肥大）と言ってよく、身体の重要性は意識の外にやられていることも少なくない。しかし遍路の世界では身体こそが主役である。歩くことで身体の各機能が活性化されるとともに、相対的に自我は本来の謙虚さを取り戻し自我－自己軸のバランスが整ってくる面もあるのではないだろうか。

身体を使うもうひとつの長所に「体得」があるが、「体得」とは実際に体験して理解を得ることを言う。歩き遍路最大の特徴として、身体を通して本来人間が持つ感覚をあじわうことが挙げられる。重い荷物を背負って遍路みちをひたすら歩いていると、入力されてくる情報刺激といえば足元の草花や昆虫の動き、大して変化のない景色とかで自身を包む時間はゆったりと流れている。すると不思議なことに――というより当然と言ったほうが自然だが、心理的な余裕が生じ、普段意識の隅に追いやられていたようなことが意識の中央にのぼってくる。足・腰・肩など身体がしっかり働いているのに対して、「頭」は大してすることがない状態だとまわりの見え方もいつもとはなにか違ってくるし、つい自身を振り返ったりして気づきや自己洞察力などが自然に発揮されてくる。現代の生活では麻痺しがちだが、つい数十年前までは時間や距離の感覚とは人が歩くペースが基準だったはず。進化なのか退化なのか現代人の身体性の稀薄さはこれからも進むと思われ、この点でも全身を使い、しかも実際に何日もかけて自分の力とペースで旅を進めていく歩き遍路の意義は大きいと思う。

歩きの効用については多くの分野から報告があり、様々なメディアにも随時取り上げられているので詳述しないが、ここでは歩くことは身体優位のポジションであることと、人間の動きの根幹であることを強調しておきたい。歩くこととは地に足をつける行為であり、地球上の全生物の中で直立二足歩行を唯一獲得したホモ・サピエンスの特権である。一足一足地面を蹴って歩くとき「エネルギーの交換」がなされる。それは同時に大地とのつながりを意味し、物理的にも象徴的にも鈴木大拙の言う「大地性」への第一歩となる。

さて、現代社会はスピードの時代と言ってもいいと思うのだが、近年はモバイルやデジタル機器の進化によっていつでもどこでも情報はゲットでき、それを気軽に、自分に都合のよい時間に利用することも可能となった。観たいテレビ番組が重なっても同時に録画できたり、なるほど便利で効率も良く筆者自身心底ありがたいと思っているし、実際に助かっている（この原稿が今こうしてあるのもその恩恵に他ならない）。けれども、その分確実に時間はタイトに公私の境もより曖昧となり、そして「頭」の労働は時間的にも容量的にも増えていることは疑いない。まるで時間の切り貼りをしているように筆者自身感じる時があるのだが、ビジネスマンなど一層その傾向は強いのではなかろうか。筆者の身近にも、出張で移動の新幹線の中はもちろん、ランチタイムのファストフード店ですらノートパソコンを開き仕事をしているという人がいる。脳科学者の茂木健一郎がサイバー空間と現実の身体のあり方との対比から「身体性を重視するとは、つまりは、空間的制約を味わうということなのだろう」と自身のウェブサイト日記[21]に記しているのだが、同様に身体性には時間的制約も大きいと言える。そこから逆に考えると、各時間、各時間をしっかり生き切る時、身体性を強めることもひょっとすると可能なのかもしれない（心理臨床でも、クライエントとセラピスト双方がしっかりと時間を共有できた時は身体も充実して満たされる感覚が筆者にはある……）。

時間的なことでいうと遍路の世界はじつに古典的で一二〇〇年以上変わらず、である。身体を取り巻く環境は変わっても、人間の身体自体は太古の昔からそう変化してはいない。かつて先達たちは、交通手段が他にない時代に移動するために歩き、それぞれの目的を心に、それに近づける方法の一つすなわち苦行として歩いた。現代ではあえて歩くという手段を選択しなければならないが、先達たちが歩いた同じ道を同じ距離歩く。そのこと自体に今も昔もない。ただ身体を使う機会の減った現代にあっては、先述したように歩くという原初的な動きから改めて得られることがある。その一つが歩きならではの「感覚」である。一歩一歩歩んでいる最中にはついぞ前進した気がせず、結願など遥かかなたのように感じる。でも実際にその日歩いてきた道程（みちのり）を振り返ると、思いのほかずいぶんな距離を歩いてきたことが頭だけでなく全身で実感できる。車だとわずか十数分で駆け抜けるような距離が、実際歩くとその大変さ、達成感はひとしおである。それを自分の目で見て確認、理解し、全身の疲労感と高揚感、足や肩の痛みも加わった全人的感覚、それらを自分自身でしっかり感じることから自愛のこころ、自分の身体への慈しみや労り、自己肯定感が湧き出してくる。自身の身体をしっかりとつかんだ上でしか外界のものごとを「あるがまま」に感じることはできない。「心―身」が深く結びついた「身体」である時、理屈や論理ではない真理的な部分とつながる回路が開きやすいと思われる。自信や他者への信頼など――心理臨床においても真髄となる「信じる力」は、身体性とは不即不離にあるものなのではないだろうか。

●自然（しぜん／じねん）とのつながり

自然とのつながりに関しても同様に、自然とは身体で感じるものであって頭で理解するものではない、と言える。外界つまり自然を、身体で感じて初めて人間は自他の境界を知ることができる。そして境界があるからこそ自分というものをはかることができるのだと思う。自他の境界が曖昧になっている人間は、発達の問題の有無にかかわらず案外多いのではないだろうか。先述した養老の言う「身体が見えない時代」とは、意識化されない、客観化されないという日本的精神性の特徴のもとで、近代以降の日本人は身体を意識しないことが当たり前化して定着した。その「身体が見えない時代」においては何らかの形で身体を意識させる必要性が生じる。旧日本軍や体育会系におけるしごきの一端を養老[18]はそこに見ているのだが、現代のいじめの問題もその延長線上にあるとの見方もできる。自他の身体をしっかりと感じ取れていないからこそ、相手の痛みなど簡単に踏み越えてしまえるのではないか。イメージによる治癒力の有用性は明白だが、身体が伴わない「頭」だけの感覚は限界がないだけに危険もある。身体というリミット、限界がなければ世界にはとどまり得ず、対自然において身体の存在は不可欠である。

さて、その自然であるが、記憶に新しい東日本大震災や各地での局地的集中豪雨など、自然は時に圧倒的なエネルギーでもってその存在感を見せつける。しかしそこまでの規模でなくても、実際に遍路を歩くと、自然との圧倒的存在差に否が応でも気づかされないわけにはいかない。歩き遍路が一日に歩ける距離はおおよそ二〇〜三〇キロメートルだが、半分も歩けば荷物が肩にくい込み、足は痛みかなりの身体的苦痛を感じる。景色は変わり映えせず行く先は果てなく、心細さと情けなさで精神的な苦痛も相当に感じさせられる。『ニンゲン一匹の力とはなんと儚く底の知れたものか!』。これは歩きながらつくづく思い知らされた筆者の、当時の日記からの引用である。日常ではもっと自信を持っていろいろなことをこなせるのに、遍路みちではそうはいかない。そんな状況の中ひたすらに歩いているうちに、いつのまにか謙虚さが発動されてくる。無意識裡に積み重ねてきた余分なものが剥がれて等身大の自分に気づくかのような……。それが「分を知る」ということである。歩き遍路の世界はまさに身一つ、自然そのものに放り込まれるようなもの。これは単に自然の中を歩くとかいうレベルではなく、まさに原初的な非日常世界に置かれるということであり、お遍路さん側のレディネスというか、心身のレベルによってはきわめて高いレベルの心理臨床的空間に足を踏み入れることも可能である。そのような体験を日々繰り返していると、些細なことやちょっとしたことに感謝の念が湧いてきて、「生かされている」ということが実感を通り越して、真に体感されてくる。遍路の道中というのは「一期一会の嵐」であり、そういうコンステレーションの渦中にいると、だんだんと意識、無意識の深いところが開けてきて「大いなるもの」——おそらく宇宙の真理に直接結びついているそういったものに対して、心理的な接近や気づきが生じてくるように思う。先ほど「歩くことで身体の各機能が活性化され、相対的に自我は本来の謙虚さを取り戻し自我－自己軸のバランスが整ってくる」と述べた。そちらは身体レベルにおける自我－自己軸であり、分を知ることで精神レベルでの自我－自己軸のバランスが整う、と厳密には言えるのかもしれない。その際、重要なのはいかに心身の贅肉を削ぎ、己にとっての必要最低限を知ることができるか——必要最低限とは英訳するとminimum necessaryだが、ここはsimplicityとしたい。simplicityにそんな意味が含まれているか知らないが、筆者においては「シンプルさ加減」という意味である。言い換えれば「足るを知る」ことでもあり、これはヨーガの八段階の一つ「ニヤマ（勧戒）」の中にあるサントーシャ（知足）とも一致する。大量のモノ、情報が氾濫する現代社会においては取捨選択の作業も並大抵のことではない。近頃メディアで流行りの「断捨離」は片づけ術のようなニュアンスが強いが、これもヨーガの行の一種である。そういったところにも現代人のシンプルさ加減への憧憬がほの見えるような感がある（のは筆者だけだろうか……？）。

●人とのつながり

遍路においては治療者あるいはセラピストなる者は存在せず、「人とのつながり」は主に「お接待」と「同行」に代表される。

「お接待」とは、簡単に言うとお遍路さんへの心づけ、施し、ということになる。「接待」という語が初出したのは鎌倉時代、道元の『正法眼蔵』（一二四五）とされ、そこでは旅人に茶を施すという意味合いで用いられたという。[22] このように旅人を歓待する風習は民俗学でいう「マレビト信仰」が根底にあり、古くは日本全国に見られたものと思われる。しかしとくに遍路の場合、接頭語がついて「お接待」との語が定着した背後には、やはり「お大師さん」の存在が大きい。遍路には「同行二人（どうぎょうににん）」と言って、お遍路さんには常にお大師さんがついて歩いてくれているという考えがあり、お遍路さんを大事にすることはすなわちお大師さんへの功徳となるという信仰がある。そこにはお接待する側の四国の人々に、お遍路さん一人ひとりの中にお大師さんを見るという視点があり、たとえ底辺にあって穢れ忌み嫌われるものの中にすらも聖性を感じ取る「仏島四国」[23]の人々の宗教性の高さが人を癒やす源泉となっていることを見逃すことはできない。

　お接待でいただくものは飲食物やお金が比較的多いが、善根宿といって自宅や離れ等に宿泊させたり、現代では車に乗せて送ってくれるなど様々で、この点でも自由というか特に決まりはなく、お接待する側に任されている。一説にはお遍路さんはお接待は断ってはいけないとされ、また返礼として納め札を渡すのが習わしで、お遍路さんから頂いた納め札を戸口に貼っておくと災いが入ってこないなどと地元では言われる。筆者の場合、飛び込みに等しい形で歩き始めたため、当初はお接待なるものもそのような習わしも含め、遍路の基礎知識は皆無だった。そんな中衝撃を受けた体験がある。それは遍路初日の第五番札所へ向かう道でのこと。横断歩道で左折車が待ってくれているので小走りに渡ったところ、ドライバーの女性がなんと深々と頭を下げてくれているではないか——渡り始めから終わるまでずっと——。そのことに気づいた瞬間、すでにもう涙があふれていて自分でびっくりしてしまった。反射的に、というより「頭」で理解する前に身体に、いや、たましいにまっすぐに届いた、そういう感じで完全に「頭」がおいていかれた出来事だった。また、とある旅館のおかみさんからも出立の際に深々とお辞儀でお見送りいただき、筆者が見えなくなるまでずっと深く頭を下げ続けて下さったその崇高な姿や、若い母親に渡されたお饅頭をごく自然にお接待してくれた幼い姉弟などなど……四国一巡の間にいったい何度こころふるえ、頭のてっぺんから足先まで感謝の念にあふれたことだろう。

直接品物をいただくだけでなく、こうした行為もまぎれもなくお接待であり、そこには遍路一個人への単なる厚意を超えて、相手の「存在の深みに対する畏敬の念」というようなものが確かに存在する。それだけの深い念は、ひょっとすると通常の意識状態だと届く（気づく）ことはできないのかもしれない。お接待と

写真２　接待処

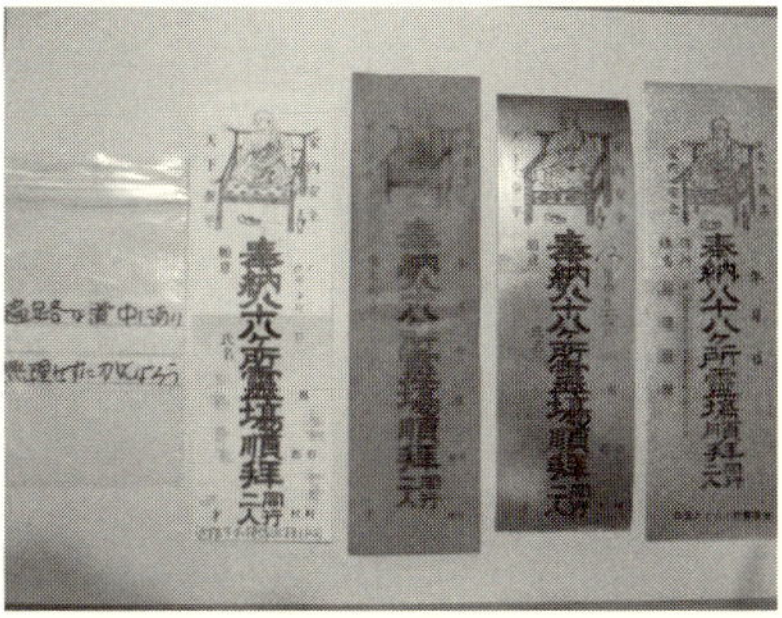

写真３　納め札

いう一期一会のほんの一瞬の間に、お接待する側とされる側双方に心理療法と同等あるいはそれ以上の、たましいレベルの交歓が行われることもあり、そこに「感謝」に始まる「共生」への気づきと、個人的観点からより大きな共生の輪に自身が属すという宇宙的観点へとつながるターニングポイントがある。お接待なくして歩き遍路の癒しは成立しないのである。

それからお遍路さん同士での同行にも自分自身を知る上で大きな意味がある。まず、人と何キロメートルも一緒に歩くということ自体が非常に大変なことである。普段の生活の中ではあまり感じることはないかもしれないが、歩幅やペースが違う人に合わせることは実はかなり苦しいことで、人間にはそれぞれ各自のペースがある、ということを改めて体感させられる。各自のペースを尊重すると結果として一人で歩くことを選ぶ場合も多く、遍路の道中では自分一人の時間と空間が必ず、それも割に多くある。修行というのはそもそも「こ（個・己・孤）の時間・空間」を体験することこそが主目的のひとつであり、一人で、孤独に、己と向き合わざるを得ない。そういう時間と空間は自己成長において不可欠である。「こ」無くして人の有り難みや人とのつながりの大切さを真に理解することはできない。「こ」の時空間は肉体的、心理的な自己鍛練の場であり、個の力を強化し、自立の力につながっていく。先述したように江戸時代～昭和初期頃までイニシエーションとして遍路をまわる習慣があった。思春期臨床に定評のある岩宮[24]が思春期のイニシエーションについて論じている。イニシエーションとは通過儀礼と訳され、目的によってその意味合いは様々であるが、思春期においては成人式の意味合いが強く、岩宮はそれを「日常空間から離れ（……中略）聖なる場所の守りの中で教育（あるいは試練　※筆者加筆）が行われる」こととととらえ、その中で「自分がこの世に『存在する』というのはどういうことなのかということを根本から問い直すために生と死の境界を超えていく体験」が思春期のイニシエーションなのではないかと考える。けれどもこれは思春期に限らず、イニシエーション自体を喪失した現代人すべてに当てはまること、と考えるのは大仰だろうか？
その岩宮恵子氏の話をじかに聴く機会があった。日本箱庭療法学会の二〇一一年度第二回研修会での基調講演、タイトルは「思春期心性とイメージ」についてだったが、筆者の心理臨床と重なることも多く非常に興味深い内容だった。そこで初体験した二つのキーワードがある。一つは「ぼっち恐怖」――ぼっちとは一人ぼっちを意味し、一人ぼっちになるのが怖いという子が増えている現状。もう一つが「便所飯」という言葉で、一人でお昼ごはんを食べる学生が、周囲から一緒に食べてくれる友だちがいないと思われる、あるいは思われるかもしれないことが怖くて、トイレの個室にこもって食べるという現象が男女問わず増えているらしい。

筆者のクライエントさんにも三〇代の成人だが一人になるのが不安で、自分の部屋になかなかいられないという方がいる。どうしても家族が誰かいるリビングにずっと居続けてしまい、自室でやりたいことやすべきことが進まず困っていると訴えてこられた。驚いて思わず「私は一人になりたいけどなぁ」と言うと逆に驚かれ、「なんで一人でいられるんですか」ときかれたので「なんでだろうね」と二人で話をしていく中で、一人でいられる人というのは、実際には身体は一人でいるのだが心理的には誰かとつながっている。そういうつながりを感じられているからなんだろうね、という結論になった。するとそのクライエントさんは「じゃあどうやったらそんなふうになれるんですか」と言われて、また二人で「なんでだろうね（笑）」……。未だにその答えは出ないままなのだが、孤独でいられるということは他者との心理的なつながりを感じられる、そういう身体なのだと思う。「独りでいられる能力」の積極的な側面を論じたウィニコット[25]は「独りでいられる能力は（……中略）自己発見と自己実現に結びついていくし、また、自分の最も深いところにある要求や感情や衝動を自覚するようになる」と述べている。自身の深いところに開かれ、気づいていくためには「心―身」両軸ともが同じレベルで生きられねばならない。それは究極的には一一二頁に前掲した図2の両軸が同一線上に重なるイメージというところになろうが、意識上は「身体を生きる」と表現すると理解しやすいかもしれない。歩き遍路がイニシエーションとして、あるいは心理療法として深い意味を帯びられるか否かは、その人が「身体を生き」、全人的に世界（人や外界）とつながることができるかどうか、突き詰めていけばその一点につきるのだろう。

ところで「身体を生きる」というのは河合隼雄の言葉である。旧ソ連の宇宙飛行士（ヴァレンチン・レベデフ氏）との対談の中で、彼が百日以上の宇宙での生活において体がエクササイズが必要といえばそれに従い、眠いと言えば眠り、きわめて自由に、しかし「体の声」に従って生活したと言ったのを受けて、河合は「彼はまさに非常に上手に彼の身体を生きていた、ということができる」[26]と述べている。この言葉に出逢った時、筆者には遍路中の自分がまさにその状態であったことが身をもって理解された気がした。時間と空間とに身をまかせ切る時、そこから生じる精神的余裕によって「身体を生きる」身体レベルは発動されるのかもしれない。高度な技術のように思われるかもしれないが、このことは心理臨床を実践していく上でも非常に示唆的である。

身体を生きる心理臨床

ここまで述べてきたことを総括して歩き遍路の過程をたどってみると、前掲した福島の「遍路における体験過程」の表、非常によくまとめられているのだが、身体に注目してみるとやや弱いところがあり、新たに心身の体験過程を考えてみた（表2）。

表2　遍路における心身の体験過程

おおよその時期・場所	出発前	阿波（発心の道場）	土佐（修行の道場）	伊予（菩提の道場）	讃岐（涅槃の道場）	帰宅後
心身における体験過程	頭主体の生活 自我肥大傾向	身体フル稼動	身体への気づき・労り 自分を知る	分を知る 自我-自己軸の回復	心身体験の深化 ↓ ←身体を生きる	頭主体の生活 （身体への意識化）

まず日常期は頭主体の生活をしていて、どうしても自我肥大傾向にある。けれども遍路に出て、阿波（発心の道場）のあたりではとにかく身体フル稼働で頑張る。土佐（修行の道場）あたりになると身体への気づきや労りが出てきて、それが自分を知るということにつながっていく。伊予（菩提の道場）になると「分を知る」ことができるようになり、同時に自我－自己軸のバランスが取れるようになってくる。終盤、讃岐（涅槃の道場）に入ってくると心身体験が深化されて「身体を生きる」という状態になってくる。また日常に戻ると頭主体の生活になってくるので、日常において「身体を生きる」ことをいかに維持していくかがその後の課題になる。

「身体を生きる」という視点は心理臨床においても非常に意味のあるものではないだろうか。筆者自身まだまだ愚考の途上でまとまらないが、現時点では次のように考えている。心理臨床の空間と時間とを「み（身）」に引き受ける、つまり全身での理解によってあるがまま、自然（じねん）にそのまま受け止めるということがまず大切なことだと思う。この「み」というのは、先ほど述べた心－身両軸が同一線上に並んだ状態、つまり「心－身」がきちんとつながったのが「み」だと思うのだが、その両線の距離や角度、バランスでクライアントの状態や環境がどのレベルにあるか、今どのレベルを生きているかを見ていくことも意味があると思う。その上で「み」―身体に響く、より具体的には腑に落ちるセッションをセラピストが調える（努力する）ことが重要なのではないだろうか。意識―無意識の垂直軸におけるレベルの深さについては臨床心理学では常識だが、身体にもそれに相応したレベルがあると考えていいと思う。その層ごとに誰かと、あるいは何かとつながれる身体をつくっていくということも、現代においては非常に大切なテーマの一つではなかろうか。

今という時代だからこそ歩き遍路から学べることは多岐の分野に及び、今後もますます歩き遍路の重要性は増すことと思う。

おわりに

以上、歩き遍路の身体性から思いつくままに述べてみた。そして、ここへきて唐突だが、今や押しも押されぬ国民的漫画となっている『ＯＮＥ　ＰＩＥＣＥ』。余談となるが、本論のまとめも含めて少し述べさせていただく。累計発行部数二億七千万部、最新巻初版四〇五万部（コミックス第六七巻発行時点）という驚異的数字、また老若男女を問わない人気で話題になっているその理由は何なのか。物語の骨格自体は宝探し、仲間、旅など従来の少年漫画の枠を出ないが、社会ネットワーク分析を専門とする安田[27]によると「仲間とのつながりを非常に大事にしている」点と「登場人物のセリフの強いメッセージ性」の魅力が挙げられる。思想家・内田樹も主人公ルフィのシンプルで力のある言葉に注目し、論理的に正しい命題だけを選択的に語っている人間の言葉はしだいに重みや深みを失ってゆく。（……中略）そういう言葉は人に届きません。人に届く言葉は、そうではありません。その内容の正しさや論理の整合性や修辞の巧拙とはかかわりなく、きちんと聴き手に届きます。そして、聴き手をはげしく揺り動かす。それが身体から出て、身体をめざして、身体に伝わる言葉だからです。[28]

と述べている。ルフィの言葉が聴き手にまっすぐ届き（他のキャラクターたちもだが、ここではルフィに代表してもらう）、相手を揺り動かすことのできる鍵は身体にあると筆者は考える。ルフィの判断やものごとの捉え方は非常に直観的で「み」での理解であり、「み」から出る言葉だからこそ漫画内のみならず、読者の身体に響く言葉になっているのだと思う。実際この漫画の独創性の筆頭にくるのは、ゴム人間のルフィはじめ主要キャラクターに多く見られる悪魔の実[29]の能力者たちの身体の特異性である。世界にオンリーワンの身体がまずありきで、その身体をもとに世界を体感し無駄を省いたシンプルな言葉や思考や行動、信じる力で他者とつながっていく。そしてルフィはまた何よりも〝分を知っている〟人でもある。だからこそ他者を認め、つながり、それが拡がって……身体性（個）と自然（世界）、そして人（生命）の三つががっちりかみ合った時に初めて人は共生の輪の中のオンリー・ワン・ピースになれるのかもしれない。ちなみにタイトルにもなっている「ＯＮＥ　ＰＩＥＣＥ」。世界の果てに眠っているとされる「ひとつなぎの大秘宝」のことであるが、その実体はまだ明らかにされていない。物語はまだまだ折り返し地点を少し過ぎたあたり。強者のひしめく荒海を切り拓いて進んでいくために、ルフィたちが身体と、自然（世界）と、人との「つながり力」をどのように発揮してＯＮＥ　ＰＩＥＣＥにたどり着いてくれるのか。期待して見守っていきながら、心理臨床においては身体に響く、腑に落ちるセッションを筆者は引き続き模索していきたいと思う。とはい

写真４　弘法大師像

え実際にどうすればよいのかとなると、今の筆者には雲をつかむような話ではあるのだが……。端緒となると思われることを空海が述べている。最後にそれを紹介して論を締めさせていただこうと思う。

［空海のことば――理趣経典をめぐっての最澄への通告のなかで］

空海は、密教とは単に頭で理解すればよいというものではなく、己の肉体と感覚の全てをもって、向かい合わなければならないものであり、また理趣の道理、すなわち人間の日常的欲望の本質は仏の悟りの境地であり、聞くことのできる理趣、見ることのできる理趣、念じることのできる理趣の三種がある、と説く。

理趣妙句。无量无邊。不可思議。攝廣從略。弃末歸本。
且有三種。一可聞理趣。二可見理趣。三可念理趣。
若求可聞理趣者。可聞者。即汝聲密是也。汝口中言説即是也。更不須求他口中。
若覓可見理趣者。可見者色。汝四大等即是也。更不須覓他身邊。
若索可念理趣者。汝一念心中。本來具有。更不須索他心中。(30)

（現代語訳）

耳で聞ける道理を求むるならば、聞くべきは己の内部に秘められた真実の言葉である。外に求むるべきではない。

眼で見られる道理を求むるならば、見るべきものは、己自身の肉体である。他人に求めるべきではない。

心に念ずる道理を求むるならば、己が一念の中にそれを求めよ。他人の心中に求むべきではない。(31)

文献と注

(1) 宮崎忍勝（1985）『四国遍路：歴史とこころ』朱鷺書房 p. 35.

(2) 杉原潤之輔「『四国遍路の旅の体育学的研究』始末記」

(3) 補陀落渡海とは中世に行われた捨身行で、観音菩薩が住むとされる補陀落浄土を目指し、わずかな食料を舟に積んで南海洋上に漕ぎ出すというもの。行者は一度入ると破壊されない限りは出られない状態で出航するという事実上の自殺行である。

(4) 谷口廣之（1997）『伝承の碑：遍路という宗教』翰林書房 p. 131.

(5) 北村香織・秋田巌（2000）遍路と心理療法.『プシケー』*19*, 110-127.

(6) ハンセン病のこと。この時代には他の業病も含めて使用された場合も多い。現代では差別的表現とみなされるが、その歴史も含めての理解をいただきたく、敢えて使用させていただいた。

(7) 前田卓（1993）「西国巡礼と四国遍路の今昔」懐徳堂友の会（編）『道と巡礼：心を旅するひとびと』和泉書院 p. 224

(8) 正式とされる順路は1番から88番への時計回りでの一巡（順打ち）であるが、逆にまわることを逆打ちという。逆打ちは順打ちより功徳が大きいとされる。

(9) 星野英紀（1999）四国遍路にニューエイジ？：現代歩き遍路の体験分析.『社会学年誌』*40*, 47-64.

(10) 秋田巌（1999）精神科臨床と心理臨床.『京都文教大学心理臨床センター紀要1』

(11) 藤原武宏（2003）自己過程としての巡礼行動の社会心理学的研究（6）.『関西学院大学社会学部紀要』

(12) 福島明子（2006）遍路の意味空間と体験過程.『お茶の水女子大学人間文化論』*9*

(13) 黒木賢一（2009）四国遍路における臨床心理学的研究（1）.『大阪経大論集』*59*

(14) 前田卓（1971）『巡礼の社会学』ミネルヴァ書房　pp. 183-184.
(15) 朝日新聞デジタル二〇一二年九月二五日版　http://www.asahi.com/edu/news/OSK201209250060.html
(16) ＮＰＯ法人ニュースタート事務局ホームページ　http://www.new-start-jp.org/event/henro.html
(17) 道元『正法眼藏』一二四五年。
(18) 養老孟司・甲野善紀（2003）『古武術の発見：日本人にとって「身体」とは何か』光文社知恵の森文庫　p. 29.
(19) 山下柚実（1999）『五感喪失』文藝春秋　pp. 238-239.
(20) 春木豊（2011）『動きが心をつくる：身体心理学への招待』講談社現代新書　p. 156.
(21) 茂木健一郎「クオリア日記」（二〇〇五年八月一一日）　http://kenmogi.cocolog-nifty.com/
(22) 愛媛県生涯学習センター（2002）「遍路のこころ」　http://www.i-manabi.jp/index.html
(23) 「癒やしの詩人」坂村真民が随筆集『生きてゆく力がなくなる時』で四国について以下のように表現、四国では広く知られている。「88箇所の霊場が、念珠のように島をとりまいている。世界にもまれな仏の島である」。また他に『尊いのは足の裏である』という詩もある。
(24) 岩宮恵子（2000）「思春期のイニシエーション」河合隼雄（編）『心理療法とイニシエーション（講座心理療法1）』岩波書店　p. 110.
(25) Winnicott, D. W.（1965）The capability to be alone. *The maturational processes and the facilitating environment: Studies in the theory of emotional development.* Hogarth Press.
(26) 河合隼雄（2000）「心理療法における身体性」河合隼雄（編）『心理療法と身体（講座心理療法4）』岩波書店
(27) 安田雪（2011）『ルフィの仲間力：「ONE PIECE」流、周りの人を味方に変える法』アスコム
(28) 内田樹（2011）「解説　街場の『ONE PIECE』論②」『ONE PIECE STRONG WORDS（下巻）』集英社新書ヴィジュアル版
(29) 「ONE PIECE」の世界に存在する果実で、一口食べるとその実特有の特殊な能力が身につく。多くの種類があるが、同じ能力をもつものは同時期には存在せず、同種の能力者もまた存在しない（黒ひげティーチだけは例外的に複数の能力を扱える）。ゴムゴムの実を食べてルフィはゴム人間になった。
(30) 空海／渡邊照宏・宮坂宥勝（校注）（1965）「叡山の澄法師の理趣釈経を求むるを答する書一首」『三教指歸・性靈集（日本古典文學大系71）』岩波書店
(31) 梅原猛（1987）『最澄瞑想』佼成出版社

第四章　気と身体──気のせいか、気のおかげか（1）

濱野　清志

はじめに

気というと「雰囲気」とか「気配」という表現にみられるように、その場の全体の感じを表現し、まずもって全体性を把握するという側面がある。たとえば、ある静かな場所にいて、その場が少しざわつきはじめ、何かがはじまろうとするとき、具体的に何かということには気づかないまでも、そのはじまりの雰囲気のなかに身体がかすかに緊張して反応するということもあるだろう。このように、ある一定の場を全体的にどう受け止めるのかというところに日本語の「気」という言葉はとても感度の高い言葉なのである。

私はそもそも気のそういった側面に関心があり、そのなかでも人が発している雰囲気、その人の気配というのは個々それぞれにあるのであって、それぞれ持ち味がある、その持ち味を気の多様な在り方をとらえることで把握できるのではないか、ということから気の研究をはじめたのであった。心理学でいう性格表現用語として、性格を表すさまざまな気の用例を分析することで、気を通じた人間理解の可能性を取り出したいと考えたのである。

日本語には「気をつかう」、「気を配る」、「気疲れする」のように、気を使って性格を表現する言葉がたくさんある。そういう表現を検討していくなかで浮かび上がってきたことは、気を使った性格表現がとらえる性格の特徴とするものがその人のなかにあるというよりも、その人から漂い出て感じられる気配みたいなものとしてあるというほうがよくその特徴を表現しているということであった。そういう観点で人を捉える、理解するというのは欧米のパーソナリティ理論にはあまりみられない。

欧米の心理学の人間理解では、それぞれの人にパーソナリティ、もしくは性格というものが生まれつきそなわっていて、それが成長していくにしたがって内側に隠れていたものが外に露わになってくると考える。露わになってくる性格は、どんな場面でも、誰を相手にしても、基本的には一定であるとみなされる。だからこそ、パーソナリティ検査をして、その人の一定の特徴を把握するという試みも成立するのである。しかし、日本的な「気をつかう」とか「気疲れする」という言葉の「気」という観点からは、人が他と独立して個別な存在としてあるというのではなく、他者との関係のなかで人のありようは変わりうるということがみえてくるのである。いわば関係性のなかに私たちがいる、ということが私たちにとって一次的なことであって、関係を抜きにして私自身がつねに個としてあるという観点は二次的な観点なのである。

「私はあの人のことを気疲れする人だと思う」という言明では、ある人のことを私は「気疲れする」特徴があると述べているわけだが、しかし、よく考えるとその特徴はその人に固有の特徴なのではないことがわかる。つまり、その人と会っていると気疲れすると感じるのは私であって、その人と仲の良い別の人はその人と会っても気疲れしない人と感じるかもしれない。要するに、「気疲れする」特徴は、相手に固有のものではなく、私とその人との関係性の特徴なのだ。その人と仲のいい別の人からすると、その人と一緒にいたら何も気疲れしない。しかし、私からみるとやはり気疲れするという人間理解の仕方は、人をインディヴィデュアルな存在とみるより、「関係性」のなかの一つの結節点とみる仕方である。

その人の個別性のなかに何かがあって、それを明らかにしていくとその人を正確に理解できるというのではない。人はつねに他者や他の事物との関係に開かれたなかにあって、影響し合う網の目のなかのひとつの位置どりとして存在する。そういう人間理解が生まれてくる可能性が「気」という言葉のなかにあり、「気」という表現をもった日本語の文脈のなかで私たちが自然におこなっている人格理解なのである。

これまでのところ、私は「気」の言語表現から生まれる特徴に焦点を当ててきた。たとえば「気疲れする」という表現で分析を試みたように、この表現の意味がそれを語る人の感覚的反応を抜きにしては語ることができないものだということを示した。そしてもう一歩その点について考えをすすめると、すでにそこには身体に生じる感覚体験と「気」は深いつながりをもつことが表されているということができるだろう。これから、あらためて「気」と身体との関わりに焦点を移していくことにしたい。

臨床心理学とは何か——一人称の科学の視点

とはいえ、本題に入るまえにここで少し、私たちが拠って立つ基盤としている臨床心理学という学問のあり方について、こういった気の研究を通して考えてきたことを検討しておくことにしたい。私がやっている気の研究はふつうマニアックなことをやっているとみなされて終わりということが多い。だが、臨床心理学という学問を考える上でも、気の研究はとても重要なことを扱っているのではないかと私は考えている。そういうときの臨床心理学とは、いったいどのような心理学だと私が考えているのか、まず述べてみたいのである。

臨床心理学では、ものごとを一人ひとりの人がどうみるか、そのみかたが問題なのであって、どの人にも共通で統一した普遍的なみかたというより、クライエントや私たち一人ひとりがそれぞれの視点からこの世界をどんなふうにみているか、把握しているかということを重視する。このことを臨床心理学という学問として検討していくうえで大事なキーワードが「一人称性」という視点である。一人ひとりに固有の、その人自身の体験をどう考察の対象とするか、そのことをあつかう「一人称の科学」は臨床心理学にとって極めて大事な視点を提供するのである。[2]

こころの問題における一般的な研究の視点というのは、たとえば「うつ」という状態はどんな状態で、どういう事実があればうつ病と判断され、そして治療はこういう方法があるというように、誰がうつになろうとうつという問題はこういうふうに扱いましょうというのを確立していくようなところがある。しかし一方では、うつの気分になるということを考えると、私たちはみなそれぞれそういう気分状態をある意味いつでも背景に持っており、そこから目にみえてうつになることもあるし、ならないこともある。うつ病と言わなくてもどこかうつうつした気分というのもある。そういう状態を外側から「うつ病とはこういうものなので、だからこういうふうにしましょう」というのではなく、私のうつの体験をどんなふうに私は生きているのかというところに焦点を当て、大事に扱う。

うつになるという体験事実を、すぐさま治療する対象であるとするだけではなく、むしろうつにせっかくなったのであれば、しっかりとうつを体験してくことのほうがその人の人生にとっては役に立つのではないか。そういう視点が一人称の視点である。その人が自分のうつをどう体験するか。これは客観的な三人称的視点でうつとはこういう現象で、このように治療していく、という視点とはまったく別の視点なのだ。

ひとりの人間がある経験をした。その経験をその人が自分の経験としてどう生きていくかということは、たんにある経験をするというだけの場合とは異なる。自分の経験として生きようとするこの一歩をサポートする視点、これが臨床心理学ではとても大切な視点なのである。たとえば不登校という問題があったとしたら、学校に行けないということになると、一般には「それは早く学校に行けるようになったほうがいい」となるだろう。しかし実際にいま、学校に行けないという時期をその人が過ごしているのだとすると、その時期をその人が主体的に過ごすことができるかどうかはとても大切なことである。どんなふうにその時期を自分が過ごしたのか。自信をもって「私はこの時期、学校に行きませんでした」と言える体験となるようなサポートを私たちはどの程度できているのか。

これは一人称性の問題であって、その人のいまの体験を大事にしていく。三人称的な視点から、不登校という問題にはこういうことがあるから、こんなふうにサポートすると学校に行けます、という議論も必要だけれども、もう一方では、当事者として「行けない」という体験をしている人が、この「行けない」というのをなかったことにしようとするより、せっかく行けないのであれば、「行けない」という体験も自分の大事な体験だったと思えるようにするにはどうしたらいいか。これが一人称性ということになるのである。

個人のその一人称性の部分をどうサポートし、豊かな体験につなげていくか。一人称性というのは、その本人が「ああ、よかったな」と思えることが大事なので、その本人がそう思えるというのは、その当人の外部から他人がそう思いましょうと言っても思えない。「よかったと思ってくださいよ」と言われても、「いやあ……」となるのが普通であろう。実際にすごくつらい思いをしているので、そう簡単によかったとは思えない。

しかし、何かのきっかけで「ああ、やっぱりこれは自分にとっては大事な経験なんだ」と思えるようになっていく。そういうことが実際にその当人に起きる可能性は大きい。その方向にその人が向かっていく心理的サポートこそ臨床心理学のいちばん大事にしているところなのである。

ここで、「一人称性」と「三人称性」について少し説明しておきたい。この点は、身体のほうから入ると分かりやすいので、私たちの手との関わりを題材に考えてみる。自分の手を眺めてみる。片手でも、両手でもかまわないが、自分の手を自分でしっかりと眺める。自分の手の色つや、かたち、しわの入り具合、指紋、手と手首のつながり具合だとか、しっかりと観察するのである。一、二分しっかりと観察したあと、今度は目を閉じて、両手は胸のまえあたりに浮かせた状態で、互いに触れ合わせることなく、手指を動かさないようにして、自分の手を観察する。しばらく目を閉じたまま観察を続け、どんな体験を自分がするかをモニターしていくのである。[3]

やってみるといろいろな体験が生まれる。目を開けてしっかり眺めて、自分の手を観察するのと、目を閉じて自分の手を観察するのとでは観察のモードが変わる。あたりまえのことだが、手の体験が異なってくる。目を開けて自分の手をみているときの手は、目を閉じると当然だがみえなくなる。「目を閉じて観察してください」という教示では、「みる」という意味の入った観察という言葉によっていわば「目を閉じて手をみてください」という矛盾したことを要請している。そうすると、なかには「手が消えた」と感じる人もでてくる。一生懸命、記憶のなかの手の視覚イメージを取り戻そうとしたりもする。しかし、ここで焦らず、じっくりと時間をかけて目を閉じて自分の手を観察していると、そのうち手の「温もり」や「重さ」、「手のひらの感覚」などが現れてくるのである。そして、「あっ、手があった」と気づくのだ。

目を閉じてすぐは日常の目による観察のモードがまだ残っているので、目で探そうとして戸惑うことになる。日常の生活では、私たちはものごとの多くを目でとらえている。自分の手も、目でみてここに手があるということを体験しているのである。そして、この手は、隣の人にみせてもやはりその人の目にもおそらく同じように私の手がみえるはずと考えている。自分の目でみているこの手は、たぶん隣の人がみるこの手と同じものをみているはずだ、という前提のもとに私たちは自分の身体を扱っているのである。その時に観察される手は三人称の手ということになろう。

ところが、目を閉じて、しばらくして手を感じはじめたときに私たちが感じる手は、それぞれの体験として、自分にしか経験できない、唯一の私の手の感覚である。これが一人称の手である。私がこの手を感じようと意志しているときにのみ、ここに現れ、現前する手の感覚。もちろんこれは手だけのことでなく、身体全体がそういう体験のモードを持っている。

身体の調子が悪くなって医者に行くときに、私たちは自分自身の身体を三人称的なものとして扱い、「おなかが痛いんです」とか「なんか調子が悪いんです」と言って身体を診てもらう。医者は医者で、聴診器をあて、検査をして、身体の客観的状態を把握することにつとめ、診断を下し、治療をしていく。これは三人称の身体として身体を扱っていることになるだろう。

いま、こうやって本を読んで座っている、自分の身体の感じていること、座っている感覚、そういう方向に目を向けていくと、その感じは、他人に「こんなふうに感じているんですよ」と言葉では言えても、いまのこの感じそのものは他人には伝えることができない。二人が同じように隣り合って座っていて、そのときの座る経験を言葉にしたとして、かりに言葉での説明がたまたま同じであっても、座っている私の感覚は、いま、ここにいる私にしかない固有の感覚体験であって、隣の人の感覚体験と同一ではない。

この感覚のことを一人称性の私の身体の体験というように言うことができるのである。そういう一人称的な体験に目を向けていくことが心理臨床のいちばん大事なところであろうと私は考える。不登校という体験をしたということを、客観的に、不登校の体験マップを作成してそこにその人を位置づけて理解しようとするのではなく、その人がいま体験している不登校というのは、誰か別の人の不登校の体験とはまったく別の独自の体験である。そうであるからこそ、その独自な体験を大事にしようというこころの動きが生まれる可能性をそこに秘めることができるのだ。

「それは本当にいったいどんな体験なんだろう」という思いをもってしっかりと自分の体験を味わっていきだすと、学校に行きにくいとか、お腹が痛いということだけではなく、それも含めた幅広い体験がみえてきはじめる。そうなってくると、もうちょっと生きる可能性の幅が広がってくる。そして、そこから「どうせ学校を休むんだったら、ちゃんとしっかりと休もう」というふうに思えるようになるし、さらに「でもせっかく休んでいるんだったら、もうちょっと何かしてみよう」という気持ちが芽生える可能性も生まれる。そして「いや、本当に自分はいま苦しいからしっかりと休んでみよう」と、自分で自分の体験を生きはじめることになるのである。

このように、自分で自分の体験を生きるというところに現れてくる一人称性が、臨床心理学的な実践でいちばん大事なところである。この、自分で自分の体験を生きるということは、その言葉だけを聞くときわめてあたりまえのことのようで、何をいまさらという感じがあるかもしれない。自分の体験を自分の体験として生きていない人などいるのか、と思う人もいるのではないだろうか。しかし、自分の体験を誰もがみなしっかりと把握できているのかというと、これは意外にも、私たちの日常生活のなかでも案外できていないところなのではないだろうか。

たとえば、自分の身体や自分のこころの体験は、どこか本当のところ、本当に自分の体験として生きているというよりも、何かと比べることで自分の体験の価値を確かめつつ生きているところが多いものである。

ここには比較というモードが働いている。毎朝顔を洗って、自分の顔を洗面所でみて「かっこ悪い顔だなあ」と思って「嫌だな」とか「何とかならないのかな」とか思う。そういうとき、私たちは自分の顔を何かと比べているのである。自分がなりたい人の顔と比べたり、本当はこうあるべき顔のようなものを背景に想定しながら、自分の顔をみている。そうではなく「自分の顔はこの世界にこれしかない顔だ」とじっと自分の顔を眺められるようになれないものだろうか。

この顔だちやこの身体つき、ここから私は逃れることはできない。どうせこの顔や身体を生きるのであれば、せっかくだからこれを私はもっと積極的に生きてみるほうが得なのではないか。しかし残念ながら、この一人称的な自分を積極的に承認するということは現代に生きる私たちにとってかなり難しいことなのである。自分の感覚よりも、他人の言うことのほうがどうしても正しいような気がする。もっと人生に熟練した人がどこかにいて、その人が「それはだめですよ」と言うのではないかと感じる。そんな気持ちを私たちはすぐに抱くのだ。

現代社会は、いま、私が経験していることの確からしさに対して、これがいまの私が正直に経験していることなのだとそのままを受け取り、堂々とそこを足掛かりに次の一歩を踏み出すということが、そうとうに難しい社会である。そのところを、一人ひとりが自分の体験の確からしさに自信を持って関わるようになれることを目標に、私たちは臨床心理学的な対人支援の実践をおこなっているのである。

一人ひとりがいまそれぞれに経験していることをしっかりと受けとめて「これが私だ」と思う。そこを出発点として、その立ち位置から他人とも関係を切り結び、関わりを広げていく。そして、そういう関わりのなかで、自分自身のなかに無理を感じるとすると、そのときは「ちょっとすいません」と断ることもできる。頑張ろうと思えば頑張ることもできる。少なくともいま、私が何をこの身をとおして経験しているのかということが他者の干渉なしに感じられることがとても大切なことになるのである。

その部分をどのように育んでいくのかということが臨床心理学という学問のいちばん大事なところであり、その支援の実践を通じて、クライエントのなかにそういう姿勢が育っていきだすと、それは非常に面白い世界が広がってくるようになる。

私はほかの誰でもない、いま、ここにしかいない存在、いまここで呼吸している存在である。そのことを考えると、この自分という存在を生きないともったいない、損だという感じになる。そして、この自分という存在をしっかりと生きてみようと思うと、そこにはよくみると私の限界もあり、能力のあるところもあり、自分という存在の本来のありようがみえてきはじめる。そして、ここは頑張ってみようとか、ここは残念ながらちょっとあきらめようとか、その人らしい生き方が生まれてくることになるのである。そういうところをどう育てていくか。それこそが臨床心理学という学問だということができるだろう。

一人称、三人称という表現を使って学問について考えると、一般の学問はその多くがほとんど三人称的である。客観的真理というものを想定するかぎり、そうなるのは自然であろう。たとえば、大学受験までの勉強にはだいたいその問いに答えがある。答えがあるから受験勉強もできる。答えのあるものを学ぶという世界は三人称的な世界であって、一人称的世界には答えがない。「どう生きるか」ということにたいして、ある人がどんな人生を楽しいと思うか、それは人それぞれであって、その人のそのときの何かであったりするので、正答はない。何を大切に生きているのかという問いは、どこかにその答えがあって、それをみつけたら、私の大切なものがみつかるというものではないのである。

この問いへの応答の確からしさは、ただ私がいまの自分をしっかりと生きていくなかで、その一歩が「ああ、よかったなあ」と思えるかどうかにかかっている。「ああ、よかったなあ」と思えるようなものをみつけていくためにヒア・アンド・ナウ、すなわちいまここにいる私がどれぐらいしっかりといまを生きることができているかが問われるのである。そういうことを紡いでいくところに一人称性があるといえるだろう。

しかしここでもう一つ考えるべきことがある。それは、この一人称の体験世界は、体験する対象が私自身だけのことではなく、私の周りにいる他者、他の事物、この世界そのものでもあるということだ。私の一人称の体験世界の多くの部分は、他者の一人称の体験世界と重なっているのである。この重なりから生じる影響関係、融合体験、そういったものをどのようにとらえるか、ということを検討しなければ真に一人称性をあつかうことにはならない。その点を検討する手掛かりのひとつに「気」の体験的世界があるのではないかと思われる。

イメージ体験としての気

そこで、このような議論、臨床心理学は何を大切にする学問かという問いと、どうしてそこに気が関係するのか、そのあたりのところを検討していくことにしたい。

私は気を研究のテーマとしてこれまで体験的にみえてくることを考察してきたが、気というと、これもまた一人ひとりいろいろな受け取り方があるものである。簡潔に言えば、臨床心理学の観点からみて、気は一種のイメージ体験といってもよい。もちろん、この時のイメージ体験という表現で何を表しているのか、どのように定義するかによって議論の質は変わるので、この点を明確にすべきだが、とりあえずここでは「一種のイメージ体験」というまさにイメージで語るにとどめておく。

さて、気を研究するからには、気に関するさまざまな領域を知っておく必要があると考え、私は二〇年ほどまえから気功の練習をつづけてきた。気功の体験というのは、たとえば、身体をひたすらゆするだけのことを三〇分くらい続ける。あるいは、一〇分くらいゆすってその後だんだんとゆっくり止まっていって、静かに止まったまま、今度はまたふんわりとした意識状態でそこはかとなく心地よい身体を味わいながらしばらく立ちつづける。心身が心地よい感じになって「ああ、気持ちいいなあ」と感じているだけになっていく。その気持ちの良い自分の身体とこころに自覚的に目覚めていく。この自覚的な目覚めというところが気功の大切な部分になるのである。

気持ちよい身体に自覚的に目覚めていきだすと、その気持ちよい身体というのは先ほど述べた一人称の身体だということに気づく。私の身体はいまここにこんなふうに他と区別されるかたちで存在しているが、気功的状態に入っていくと、身体が気の流れでできていることを感じ、さらに気の流れが身体を通りつつ、身体を突き抜けて天空とつながっていき、大地とつながっていく。そして、自分の身体が大きな宇宙的なエネルギーの流れのなかにあるという感じがしてくる。宇宙的なエネルギーの流れとしての気が実際に客観的世界にあるのかどうかはここでは問わない。それでは三人称的な問いの立て方となってしまうからである。「ここに気のエネルギーが働いているのを感じる」という体験をリアルに語る人が気功をしている人には多いが、それは一人称的語りであって、三人称的語りではないのである。そこを見分けることは重要である。

さてしかし、気の感覚というのは、訓練とともに確かにそういう感じが生じてくるし、ともに気功をしているとたがいにその感覚が共有され、影響し合っていると感じる世界が生まれる。そのように気という体験世界では自分の身体の体験を軸に「ないけれどあるもの」が生まれてくるのである。客観的な三人称的世界のレベルでは存在しないのだけれど、しかし身体は確かに何かがあると感じる。一人称的世界であるが、この世界は主観でも客観でもない領域であって他者の一人称的世界とつながる独自のイメージ領域をもっている。この点については、先にまた触れることになろう。

ところで、先に手を眺めるという体験について述べたが、この体験をワークショップでおこなったとき、とても興味深い感想をいただいたことがある。その体験の語るところ、「目を閉じて手を観察し始めると、いっぺん手が消えてしまいました。どこにあるか分かりません。それで、じっと手を探っていると、突然、なぜか身体から手が生えてきました。ニョキニョキと生えてきて、しかも普通に伸びた手の先の指が今度はさらにどんどん伸びていってしまいました」というのである。

実際の指は、その長さは決まっていてそれ以上に伸びることなどないがイメージの世界ではどんどんと伸びていく。ここでイメージといっても、それは視覚イメージを勝手に想像している体験ではなく、身体の感覚に基づいたイメージ体験の展開であって、それは端的に気の体験世界だということができるのである。私の身体感覚としての気の広がりは、この目にみえる身体だけに留まってはおらず、そうとうな広がりをもっている。この広がりは自分の身体の感覚を軸としてずっと広がるものとしてあり、個々別々に分かれている世界がこの気の広がりに包まれてつながっていき、連動して動いている。その中心に私がいるという感覚がそこはかとなく生まれる。そういうことをしながら自分の身体とつき合っていく。自分の身体、三人称の身体ではなく、一人称の自分の身体を根底にそこから広がって生じる自分のさまざまなイメージ体験とつき合っていく。そして、いまここに生じている、かけがえのない私の体験とつき合いはじめる。このように、日常の自分の体験をイメージ体験として把握しなおし、その体験世界を培っていくことが、気功をはじめ東洋の伝統的な身体修行の基本にあるのではないか、と私は考えている。

しかし、もう一方では、気の体験には、一人称的体験というだけではどうにも分かりにくく、かといって三人称というには再現性を強く備えているとは言い難い経験世界もあることを忘れてはならない。中国四千年の歴史などといわれたりするように、中国の相当に古くからある伝統文化と気の世界とは深く結びついているところがある。そして、そこから生まれた中国医学という中国で培われた人間観、身体観、宇宙観のようなものと気功は当然ながら深くつながっている。さきごろ私は、中国気功の父と呼ばれる胡耀貞（こようてい）の子で、中医師でもある胡麗娟（これいけん）がおこなった胡耀貞気功の研修に参加した。その研修はどの部分もきわめて刺激的で、面白い体験であったが、とりわけそのなかでも中国鍼を使った中医の診療実践の紹介はとても印象に残るものであった。鍼治療の実演で、鍼を実際に刺していただいたのである。そうすると、中医でいうところの気の流れる身体の道筋だという経絡におよそ沿って、胡麗娟の刺した鍼のところ、左手の合谷からじわじわと時間をかけて、腕のなかを気が流れるのを身体感覚としてはっきりと体験したのである。

私は気の感覚体験はイメージ体験だと考えている。しかし、この鍼体験は、イメージ体験ということでカバーしようとしている体験領域を相当に広げて考えていく必要があることを教えてくれたのである。いまこの章であつかっている気には、私が説明として使っているイメージ体験とか、一人称性ということの背景に、もっと生理的なレベル、生命のレベルでの存在として、意識現象から接近する心理学ではあつかい得ない領域もそこに含まれているのだ。これを無意識現象だというのは少し安易な気がする。むしろ、物質現象のこころへの表れとしての気の体験というように呼ぶほうがふさわしいと感じられる。

そういう物質的現象をも個人の一人称の体験から扱うというところも、生きた人間をあつかう臨床心理学の研究実践領域に含めて考えなければならない。

物質的領域と生命の領域のつながりは、気功的世界の表現でいえば、胡麗娟も研修でつねに指摘していた後天の気と先天の気の問題と関係するだろう。「気」という観点からすると万物はすべて気でできあがっている。私も気でできていて、他者もみな気でできているのだ。生き物は陰と陽の気が混ざり合って、ちょうどよいバランスを取ってできあがったものだといってよい。生命現象の中核の生の状態と物質現象の冷えた死の状態を相互に変転する陰陽の流動性のうちの一状態がつねにいまここの状態。新しい生命は生まれた瞬間から死にはじめている。陽の極まりとしての誕生の瞬間に、陽中の陰、陽水がうごめきはじめる、というのが気功的な観点の特徴である。

陰陽の絶妙のバランスでできあがった生命存在はきわめて微妙な存在であって、一定のバランスを保ちながら、生まれた瞬間から分散がはじまっている。分散の向かうところは、大きな宇宙の気の流れに還ろうとするところである。そのいきつくところ、個的な生命存在としては消滅するが、視点をかえると本来の気の根源に戻るだけなのであって、それは祝福すべきことでもあるのだ。物質に還るのでもなく、魂として生き続けるのでもなく、物質や魂の生まれるその源のイメージ領域の生成する根源に戻る。そして、この本来の根源に還ろうとするプロセスが「生きる」というプロセスなのだということが気功の実践の大前提である。

生命として誕生するときにもともともっている気のことを先天の気という。そして、物を食べたり、新しい知識を身につけたり、本来の持ち味のうえに自分をかたち作っていく働きは後天の気の働きとなるのである。私たちは一般に後天の気のほうだけの変容をとらえて、成長だとみなし、自我の発達だと考える。しかし、気功的世界では、本来もっている先天の気にどうふれていくかを大切にする。そして、先天の気とつながりをもちながら、後天の気が先天の気の活性化に資するように心がける。生まれてからの後天的な部分だけを培うことが自分を養うことだと思っていると、気功的観点からすると自分自身の本来のありかたから逆に離れていってしまう。これが気功的な人間理解である。

私という存在を十分に生きていこうと真剣に考えて取り組んでいくと、私の先天的な部分に触れていかないわけにはいかない。このことは、ユング心理学でいうところの、普遍的無意識との関わりの重要性と似ていると考えてみるとより理解しやすいかもしれない。私たちは自我意識の抑圧した個人的な無意識に影響を受けているだけではなく、普遍的無意識の影響からも逃れることはできない。であれば、普遍的無意識とのつながりを積極的に味わおうとしてみる姿勢は自分をよりよく生きるために必要な姿勢ではないか。後天の気は、自我意識との関わりの強い気の動きであり、先天の気は普遍的無意識の領域と関わる気だと考えてみると方便として分かりよいかもしれない。

先天の気は、私が生まれるときにはすでにそこにある気、いってみれば、生命以前の、生命を生命たらしめている存在、ということができる。先天の気を使い果たし、絶えることを私たちは個体の「死」と呼んでいる。その先天の気をもって自分が生きているということを自覚し、それを自分のものとして生きはじめたとき、はじめて「これが私なんだ」という本来のアイデンティティが形作られてくるのである。

私の身体について

気功では自分の身体を相当にじっくりと味わうという体験をする。自分の身体の感覚を継続的に味わい続けると、味わっている自分の身体があたりまえの私のものという感覚が薄れていく。そんなとき、この身体はほんらい誰のものなのだろうと考えることがある。自分の身体だというと、素朴に考えれば、それは文字通り自分が所有する身体だということになるだろう。この身体は「私のもの」、「私の身体」である。

しかし先述のように、気功的観点からみると、私の身体は先天の気をもって生まれた存在であって、生まれたときから死にはじめている生命の宿ったひとつの物質である。これは「私」の意識が生まれる少しまえからすでにこの世界にあるものである。

こころの誕生という視点からみても、おぎゃあと生まれた瞬間に「私は……」と言いだす人はまずいない。しばらく時間がたって、だんだんと「私」というものが生まれてくる。その「私」が生まれる以前からある、物質としての生命の働き、それがこの身体だとすると、この身体は「私」のものという以前に、「私」が生まれる場所としてすでにあったのである。この身体は私のものなので、私がいくらでも自由にコントロールできるし、そうしてよいというのではなく、私の身体はいろいろなつながりのなかでできあがった場所であって、それをたまたま「私」と思い始めた意識存在がその場所で生かされている。

私たちはこの身体から抜けだすわけにはいかず、この身体を生きるしかない。私がこの身体を私のものとして認識して生きているとはいえ、これはもともと私のものではなかった。宇宙全体のものであった。大きな全宇宙の気の流れ、自然の気の一部を、私のこの身体という物質として生かさせてもらっている。そうであれば、私はこの身体で生きるしかなく、この身体を大事にして生きていこうという感じが生まれる。

私の身体は誰のものか、そのことを上記のように考えると、これは私のものではないということになろう。しかし、いまここに生きている私はこの身体とともに生かせてもらっているのであって、離れることのできないこの身体ゆえに、私がここにいるということを味わうことができるのである。

では、私がこの身体に感じているさまざまなことは、それはいったい何なのだろうか。考えたり、感じたり、次の一歩を踏み出そうと意志を働かせたり、それらを私たちは脳の働きだと考える。私の意識体験は私の脳神経系の働きであると一般にみなされるが、しかしもっと身体の反応のほうに注意を向けると、身体の反応のほうがいろんなことを知っているということがある。たとえば地震が起きるというときに動物たちが非常に上手に逃げていったり、移動したりしている。しかし、人間はなかなかその感覚に気づかなくなってしまったのである。私たちは意識から遠い身体の奥深いところでの反応には気づかなくなってきているのである。身体自身が奥深くにもっているそういう知恵にもっと目を向けていき、そこから生まれてくるものと、いまこの身体を生きている意識をもった私とのつながりをよくすることも大切なことではないだろうか。

身体の深い知恵と自我意識との交流をはかる、という動きは、一方では、西欧の心理学にもたくさん出てきている。たとえばフォーカシングはそのひとつであろう。フォーカシングを創始したユージン・ジェンドリンは一人称の科学の提唱者の一人でもあるが、自分の身体に自分で問いかけ、その反応をみて、身体とやりとりをするということをはじめたのであった。何か問題について考えることをするより、その問題をめぐって自分の身体の感じがどんなふうに反応しているのか、それを自身の身体に問いかけてみて、そこから生まれてくる反応と対話をする。その一歩を踏みだす前提には、先に指摘したような私の身体は私のものではなく、しかし、私がここにずっと生きていくためにとても大事な欠かすことのできないものであって、その身体がどんなふうにこの世界を感じているのか、その感じに目を向け、やりとりをすることが、自分の人生をより豊かにするのだという確信がある。そういう一歩を踏みだすことのできるのがこの身体なのだということを、心理学的なひとつのきわめて興味深い方法論として創造していったものがフォーカシングと呼ばれるものである。

あるいはまた、アーノルド・ミンデルが創始したプロセス指向心理学というものもある。これも自分という存在とどうつきあっていくかという点できわめて興味深い方法を展開しているが、その原点に、東洋思想、とりわけタオイズムの視点が活かされていることがわかる。この大きな世界の一部でもある私の身体が進んでいこうとする方向を、地震を感知する動物たちのように、非常に微細な感覚を研ぎ澄ましてつかまえようとするのである。

他にも、臨床心理学の最先端領域での、生きている人間と実践的にどう関わるとよいか、真剣に考えようとしているところでは、共通してこのあたりの微細な身体の働きにとりくもうとしている。新しい認知行動療法の展開のなかでマインドフルネスということが主題的に取り上げられているのも、同じ流れから来ているように思われる。マインドフルネスは、自分の身体が落ち着いてリラックスし「私の身体がここにある」ということを私が生きようとする状態を訓練によって生み出していく。そうすることでいわゆる心理療法が効果的に働くことに気づきはじめたのであろう。

こころの問題を考えていくときに、身体の問題は一見無関係なことのように思われていたが、こころが機能していくその基盤として、その場所としてある身体がもっている知恵をどのように活用するか、それが近年の心理療法の方向性として大きな流れを生んでいるのである。私は私でないものの上に成り立っている。私という存在は私ではないものの上に成り立っている。しかし、私たちは、私ではないものとつきあうなかで、知らずにそれを私だと思うようになっていく。それが「私の身体」と私が思っているものである。しかし、本当の私の身体の根本のところは、私が生まれる以前からある何かとつながっているものなのである。

気功からみた私の身体――鬆静自然

本節では、身体と「気」の関わりを考えるにあたって、そのことをもっとも端的にあつかう気功についてさらに詳しく触れていくことにしたい。気功というと、一般にどんなイメージが浮かんでくるだろうか。気功について若い人に聞かれることでいちばん多いのは「人が飛ばせるんですか」ということだ。目にみえない力を発出することができるのか。もちろん、武術でいう遠当てや発勁を練達の師が実演するのをテレビでみたことがある人は多いし、そこからの連想である。

その流れで次に出てくるのは、「治療ができるんですか」ということ。外から気をあて、体内の気をめぐらせることによって、身体の悪いところを癒す外気による気功治療はかつてマスコミをにぎわした。また、気功の研究者のなかには、そういった気のエネルギーの実体を見出そうとする研究者もいる。また、そういった民間療法を真摯に実践している人がいることも確かであり、その前提には、中国医学の長い伝統もあり、上手に活用することは心身の健康に役立つものであろう。私が体験した鍼による気の感覚体験の動きの実感は、そこに実質的なエネルギーの働きを想定することもできる。しかし残念ながら、これらが現代の科学的な視点からどのように評価されるかは、まだ定まっていないように思われる。その点は今後の研究を待つこととし、本論ではこれらの体験の一人称的な側面、イメージ領域の体験世界に焦点を当てていく。

さて、私がここで気功というとき、気というイメージ体験をもちいて自己の心身のありように目を向ける作業というように限定しておきたい。自分自身の身体感覚に目を向けていく。もしくは、自分の身体感覚に開かれていく、より細やかに気づいていく、ということもできるだろう。東洋にはそういった心身に修行的に関わりつつ、自身の心身をみつめる行為はさまざまある。代表的なものに、座禅、ヨーガ、そしてここで取り扱うような気功もここに入る。

これは私たちにとってはあまり特別な作業ではなく、ある意味で、「自分の身体に目を向ける」という言葉の指示するところを自然におこなえばそれで問題はない。たとえば、ふだんよくするように立って人と話しているとき、自分の身体のなかの感じに目を向けていく。すると、どんなふうに自分の心身は反応するだろうか。いまこの本を椅子に座って読んでいるとして、その座っている自分の姿勢や座っているという感覚にふだんは意識を向けないで、本を読むなら本の内容に注意を集中しているはずである。自分の内的な体験はいったん脇に置いて、外側に意識を向けているのである。そういうときに、ふと自分自身の身体に目を向けると、どうなるだろうか。おそらくそのように意識した途端、座っている姿勢、身体のどこが椅子に触れているか、そこで感じている身体の感覚が意識されるようになるであろう。

私たちの身体はどんなときでもつねに働いているのだけれど、危険なことが感知されたり、身体の調子が悪い時などを除いて、そのことをいちいち感じたり、味わったりすることはないようにしている。それを、積極的に自分の身体が動いて、生きているということをじっくりと体験してみようとするモードが東洋的な身体修行に共通した基本作業なのである。

生きている自分の身体が何を感じているのか、どんな経験をしているのか、そういうところに目を向けてみると、実にいろいろ経験していることに気づく。振り返ってみると普段日常の生活では、私たちはほとんどそういうことに目を向けていない。身体は自分の日常のやらねばならない仕事を円滑にするために、ほとんど自動的に動いているのである。その自動的に動いている身体、あたりまえに動いている身体を「気」という観点から眺めていくと、さまざまなことが身体に起きているということがみえてくる。

気功はさまざまな東洋的身体修行のなかで、「気」という言葉のもつイメージを通して自分の心身のありようをみつめるという特徴をもっている。気功をはじめたての頃は、気という言葉のイメージを強く身体のなかの感覚体験に探し求めようとして、身体に気が流れるというイメージと実際の身体の流れる気の感覚体験がすれ違うことも多い。気持ちが先走って何も感じられなくなったり、逆に、流れる勢いのイメージが強くなって自分で止められなくなるほどの感じになることも生じる。そうすると自分の身体はあたりまえのように自由に思い通りに動かすことができるものという前提が、どうもそうではないんだということに思いいたるようになるのである。

このことに気づくというのは気功の第一歩なのではないかと思う。この気づきは、自分の身体がそれまであたりまえに思っていたものとは少し違って、身体それ自体が、私の意識的な関わり以前に、それ自体で自発的に動いている存在だという認識を生む。気功では、私の思いとは関わりなく、身体が勝手に動いてしまうこともあるので、人によっては自我のコントロールを崩されるような怖い体験となることがある。

私は気功をそのまま心理療法の文脈で、面接室のなかで使うことはあまり多くはしていない。最近では、マインドフルネスということが流行していて、心理療法の文脈に瞑想訓練を導入することについて一定の認識が生まれてきているので、以前に比べずいぶんとその点ではやりやすくなってきている。それでもいくつかの事例では、気功を紹介してやってもらうことが身体感覚の活性化に役立つことは経験してきた。しかし、なかには一度導入すると、その体験がかなり自我のコントロールを脅かしたようで、怖くなって「もう気功は絶対しません」という人もいた。

そこでおこなったことは気功のなかでもきわめて単純な導引と静定にあたるスワイショウである。一緒に横に並んで立ち、ただひたすら腕を自然に振りつづける。私が横で一緒に動きながらやり方を説明するので、本人はただ自分の身体に意識を向けてリラックスすればよい。しばらく振り続けたあと、だんだんと静かに振動が自然に収まるようにして止め、そのあと身体の余韻を味わう。身体の緊張の高い人であったので、身体が緩む感じを味わえるようにということでおこなったのであった。

その日、一緒に気功を二〇分ほどしたあとはふだんどおりにカウンセリングをして帰っていったのだが、帰宅後ものすごく身体が疲れて、眠たくなって、ぐったりしたという。気功的にみてそれはいい反応なのだが、本人にしてみると、自分の身体がいつもの身体ではなくなるように感じたのであろう。厳しい環境のなかで一生懸命コントロールしていた自分の身体が、突然融通が利かない身体に変わるという恐ろしい体験だったのである。その人は、もうそれ以降、気功は恐ろしいと言って取り組もうとはしなかった。

これなどは「気」という言葉のもつイメージが、理性の働きを超えた力とつながって、セラピストに操作される、もしくは、どこか自分の知らないところへ連れていかれるという恐れを生んだ例であろう。臨床の場では、このあたりを慎重に、無理強いすることなく、本人が自身から進んでとりくもうとする心の動きを尊重すべきである。

さて、気功は中国に発祥したものであるので、四文字熟語を使ってその機微を説明することが多い。そのなかで特に重要な四文字熟語に鬆静（しょうせい）自然というものがある。気功をおこなうときの基本的態度を示す言葉といってもよい。鬆は、たとえば大根や牛蒡などの根菜が熟しすぎて「すがはいる」というときの「す」である。鬆は松の葉のかさなりから向こうが透けてみえるさまを表す文字であって、「すがはいる」と内部が割れて空間ができる。ぎゅっと詰まった状態から、すかすかとした隙間が生まれるわけで、これを身体に当てはめてみると、ぐっと力がはいった固い筋骨がゆるんで気の通りの良い状態になる、というような意味である。この鬆の文字に「放」をつけて放鬆（ほうしょう）、中国語ではファンソンと読んで文字通りリラックスという意味になる。

この身体の鬆の状態にたいしてここでは「静」が対置される。静は文字通り静かということ。ただしこの場合、精神の静かな状態であって、こころがさまよい歩くことなく自身の身体に静かに落ち着いて収まっていくことを意味する。静の文字のまえに「入」をつけて入静（にゅうせい）と呼び、深いこころのリラックスの状態を表現する。

日常の私たちの身体は肩ひじ張って生きていくなかで固まっているので、それにたいして放鬆をもとめ、身体を内側から緩めて開放していく。外界との壁になっている身体の鎧を緩め、身体に閉じ込められた気を放つのである。そして、外に向かって放つと同時に、もう一方では、こころを身体の内側に静かに入れて収めていく。身体のなかの気功的な中心部分である丹田にこころが収まるのである。こころは放っておくときょろきょろして、外に飛び出していきやすい。いろいろなところに飛び散っているこころを内側に入れていき、固まっている身体は開いていくことを、同時に、なおかつ自然におこなうわけである。

鬆と静を同時におのずから展開するように自然にすすめていくこと、すなわち鬆静自然、これが気功の基本的態度であり、そのようにして自分の身体とつき合う練習をおこなっていくのである。

日常的には私たちはあまり自分の身体を意識しないで生活している。こころは身を守るために、外界に注意を向け、外側に向かってさまざまに働きかける活動をいつもおこなっている。そういうこころの状態をこの身体はいつもあたりまえのように受け止め、それに応じようとして一生懸命身がまえ、肩肘を張って鎧をつくり、身体の内と外を明確に区別した状態になっているのである。そういう日常のこころと身体の働く方向を逆転させていく作業が気功なのである。

内丹における気——イメージ領域の身体を生む

日常の意識的に活動する動きの逆転をおこなう、という発想は気功の中核にある考え方でもある。気功には、いろいろな源流があるが、その大きな源は道教の仙術、仙人になるための修業である。道教的な発想はきわめて現世利益的で、この生きている世界のなかで人生を豊かにする、そのためには不老不死になることがいちばんの理想であると考えたといわれている。秦の始皇帝が多くの道士に不老不死の仙薬を探し求めさせたのも、その流れのなかにあった。日本の各地の温泉場に徐福(じょふく)伝説が多く残っているが、徐福もその道士のひとりであったことは有名なことである。

人間はみな誰でも死ぬ。その避けられない死をのがれ、永遠の生命を探し求めようとするのは、東洋も西洋も同じであろう。東洋の気の文化のなかでは、人は金丹とか丹薬という不老不死の薬を求めたのであった。そして、さまざまな植物や鉱物、動物から不老不死の薬が調合できないか探し求めるプロセスは中国医学のさまざまな生薬を生んでいくプロセスと重なっていたに違いない。何でも食して確かめる。そのなかで彼らがこれはと思って見出したのが辰砂（しんしゃ）だったのである。

辰砂は硫化水銀であり、鉱物としては赤い。これは「丹」であり、これを精錬して種々の鉱物等を合わせ丹薬を錬る技を熟練させていった。それは煉丹術とも呼ばれ、西洋の錬金術のもとにもなったとも言われる永遠の生命を求める技であった。精製した水銀を一定の丸薬にして飲むと不老不死になる、そう考えた道士たちは丸薬の製造にはげみ、それを服用し、そして当然のことながら水銀中毒で死んでいく。辰砂の精製とその服用は唐の時代にも続き、何人もの王がそれを服して死んでいる。

そして、ここが興味深いところであるが、不老不死の薬を服して死んでしまうのは服する側の人間がまだその力の強い金丹を服する準備ができていないからだと彼らは考えたのであった。金丹を服するにたる準備を心身ともにすること、それは修行を積むことであり、そこに仙術の修行がさらに展開する基盤が生まれたのだと考えられている。

丹薬を服するための修業の道程から、自分の身体のなかに目を向けていくことを続けると、胸の奥や下腹部の奥、あるいは両目の奥のほうに生命力が生まれ出る場所があると感じるようになったのであろう。そしてその場所こそ、外界で製造した丹薬を服さなくても、身体の内奥の丹薬を生み出す場所なのではないかと考えるようになったのである。上丹田、中丹田、下丹田といわれる、いわゆる丹田は、丹が養われる場所であって、ヨーガでいうところのチャクラに相当し、身体のエネルギーポイントとして認識されるようになっていく。
丹田を中心に身体を動かしたり、気をめぐらせていくと、元気が回復する感じが生まれる。当然ながら、身体を適度に動かすことはそれ自体、血のめぐりをよくするので、内臓の働きも安定し、精神も落ち着く。身心に良い影響があるということが分かってくると、もはや、外界に丹を求めるのではなく、自身のうちに丹を生み出す技を求めるようになっていく。煉丹術が外丹から内丹へ移行した瞬間であった。

丹田の感覚は身体感覚に気のイメージ体験が重なり、物質としての粗大な身体が霊妙な、微細身に変容することによって生まれる。気功の源流でもある煉丹術は、不老不死の薬を作る作業のなかで微細な身体の領域を発見していったのである。西欧の錬金術がそこから近代科学の源となる化学を生み出していったことと対照的に、独特な身体のあり方を発見していったのである。この身体は、物質としてのいわゆる客観的、三人称的な身体そのもの、粗大身ではなく、気の流れる場所としての身体であって、主観的な身体、一人称の身体、あるいは微細身である。そういう身体の発見が気功的な発想、内丹の発想のもっとも興味深く、重要な点であろう。

気には陰と陽があり、陰と陽の気がめぐりめぐって万物ができている、というのが気の思想の根本にある。私たちの身体もこころも気から成り立っている。すべての気は、陰と陽の動きのなかで相互変転しているが、生命を持った存在はそのなかでもその変転を生と死というかたちで経験することになる。私たちが死んだり病気になるのは、気の流れが滞ったり、陰陽の気が分散してしまうからに他ならないのである。大宇宙の気の流れが身体のなかにも流れ、身体のなかに一定の場所を得てとどまりつつ、滞ることがない状態が「生きている状態」であり、そういう気のイメージによる身体の再編成をおこなうのが気功なのである。

気が流体として流れる身体は実際の物理的な身体とは異なる身体であり、粗大身にたいする微細身、客観的身体にたいする主観的身体、三人称の身体にたいする一人称の身体であって、気功的には老子の「玄のまた玄、衆妙の門」[4]という表現に見られるようなあらゆるものが生まれ出る根源の玄、黒い身体としてとらえることができる。この身体のありかは、物質でもなく精神でもなく、その中間としてのイメージの領域にある。

イメージの領域の身体は、そういうものがあると感じながら実際の身体とつき合っていくことでだんだんと確かに身体のなかに生まれてくるのであって、内丹の書では、道胎（どうたい）といって微細な赤子を身ごもり産み出すようなイメージ体験となって結実する。道胎は、内丹の修業の最終段階のイメージであって、実際には私たちはそこまで行く手前にいて、身体が気で成り立っていることを感覚的に体験し、大きな宇宙の気の流れの一部であることを味わうというあたりが通常の気功体験のなかで得ることができる体験であろう。

たとえば、気が下丹田に満ち、両腕を降ろした状態から上に挙げていく動きにあわせて、その気が胸元に上昇していき、指先からいったん身体の外に流れ出ていく。そして、また、手のひらから天の気や地の気が入ってきて、手首、ひじ、肩を通って首を少し上がってから、両腕を降ろしていく動きにあわせて、身体の中心を下丹田に降りていく、そういった流れが身体の動きとともに感じられる。気のイメージ体験とはいっても、意識的にイメージで誘導するのとは少し違う。丹田に気を感じ、感じた気は新たな身体感覚を生み、そこからまた次の場所に気を感じ、というようになんとなく気の流れが動く。意気相随と呼ばれる状態である。イメージ領域の身体は繰り返しそれを感じる練習をすることによって、だんだんとイメージ領域にしっかりとした体験世界が現れるようになる。

それが気功の練習であるが、やみくもにいろいろ練習するのではなく、一定の同じ動きを何度も繰り返しながら、気の流れを味わっていくことが大切である。気功にはたくさんの種類があるが、多くを知っていることが重要なのではなく、どれか一定の気功法を繰り返し、何度も体験することを重視する。そうしてはじめて自分の身体のなかにイメージ領域の身体が生まれ、気の流れるルートが感じられるようになる。

イメージ領域の身体が生まれてくると、繰り返しおこなうなかで感じられる自分の気の流れるルートからみて、そのつどの自分の気の流れがいつもと違うと感じたり、「今日はとてもいい感じだなあ」と感じたり、そのときどきの自分のいまの身体と向き合うことができるようになってくる。

こういったことが気功という作業の働きに生じることである。そして、そこで生まれてくる身体は、この客体的な身体そのものではないのである。

気が丹田に発して肩から腕をとおり、指先から外に出て、また手のひらから戻ると先にたとえたように、気は身体の内側と外側を出入りする。頭の上から抜けていったり、入ってきたりする。そういう身体イメージ領域の柔軟体操のような練習をすることで、自分の身体が、ふだんの皮膚を隔ててできている外界との境界のなか、皮膚の内側に収まっている状態から、その境界膜がすかすかと通りよくなり、また、実際の身体の大きさよりも大きくなったり小さくなったりしながら、流動的に動く身体になる。この広がりをもった気の周流の結節点として、いま自分が存在するこの場所が生まれ、客観的なこの身体が定位される。そういう身体観がおのずと生まれてくる。

流動的な身体は、日常の身体の強いまとまりを緩めないと拡がって動いていかないし、そのときにこころがキョロキョロと動き回っていると、拡がった私が安心して戻る場所が作れないのであって、戻ることのできる場所があるという感覚はこういう体験をすすめる上できわめて重要である。それが鬆静自然であり、身体は緩み拡がりながら、こころは一定の場所をみつけて収まっていく。だからこそ身体が拡がっても、こころはふらつかない。これがうまく働かないと、行ったきりになってしまうのである。

この宇宙の座標軸の原点を創造する

こういったイメージ領域の身体とは、いったい何なのか。面白いといえば面白いですみ、そんな世界もあるのだと言ってしまえばそれで終わりになってしまうが、それを真剣に考えていくことが、臨床心理学にとっても大事な問題領域を探索することになるのではないか。

私が経験を重ねるなかで考えるようになったのは、このイメージ領域の私の身体は、私という存在の位置、この世界の自分のいる位置を確かにするものとしてある、ということである。その身体がどんな大きさであろうと、どんな形であろうとあまり関係はない。位置という感覚が大事なのである。すなわち「いまここに私はいる」という感覚の確からしさ。ここにいるというのは、この場所に私がいて、そしていま、ある方向を向いているということだとすると、そのとき私にとって前が生まれ、それから右が生じ、左が現れる。さらに後が生まれ、上、下も現れる。東西南北も同じである。

東西南北を定める基準としての私が明確に、私の内側から生まれてくる。自分という場所を中心に世界をみて、東西南北という方角を確かめる体験を促進していくことが気功のなかに重要な要素として隠れてあると思うようになった。「私」という位置があって、そこから南、北、西、東を位置づけながら自分という身体を中心に世界をみつめなおし、とらえなおしていく。

私の位置を定めるというのは心理学的には見当識とよばれる。気功体験の面白さは、通常の自分の位置取りと、自分が宇宙の中心に位置し、宇宙そのものとなる自分の位置取りの二つの様式が適切に重なることで日常の鎧を脱ぎ捨てていくところがあるが、これは見方によっては二重見当識の様相を呈する。二重見当識は精神病的な自我の状態だと一般には位置づけられ、自我インフレーションの状態であって、その自然発生的な生起は慎重に対すべき状態である。しかし、正常な二重見当識もありうるはずだ。そこに生じる健康なインフレーションなくしては、自分という存在を慈しむべき存在として受け入れ、その自分を主体的に生きようとする体験のモードによって日常の固まった状態を突破できないのも事実である[5]。クライエントがその人の世界の真の主になっていくということがいかに可能か、そのテーマの根本がここにあって、心理療法の根本原理にも関わるものではないかと思う。

さて次に、位置のことを気功的な感覚からあらためて説明していくことにしたい。気功の世界では精・気・神というこの三つの存在のありようをとても大切なこととして繰り返し体験的に理解しようと試みる。「精」というのは粗大身という言葉が表現するような私たちが普通考えているこの世界、物質的な世界を代表する。米を研いでいき、細やかに純化していくプロセスを精米というが、このことを通じて粗い米が私たちの食の中心としての繊細な米に変容する。そのように精は生命の物質的存在の基盤を整えるダイナミックな潜勢力のごときものと考えてみるとよい。「精がつく」という表現は端的にこの事態を言い表している。

次に、精・気・神の「神」だが、これは宗教的な神々のことを表すのではなく、私たちがふつうに精神と呼んでいる、こころの世界を表す言葉である。こころの働きの精妙な機微はこの「神」のダイナミックな潜勢力が支えているのである。そして、「気」は、物質を支える精とこころを支える神との、そのあいだをつなぎ、物質をこころに、こころを物質に変換する原理である。精・気・神の真ん中にある「気」をとると、私たちが通常用いる日本語の「精神」となるのだが、気功的にみると私たちの「精神」は中心の「気」が抜けた状態のままこころの問題を議論していることになる。精神について語るには気を抜きにしては語れない。「気」があいだにあることではじめて人間が身体的側面から心理的、こころの側面にまでわたるスペクトラムのなかでひとつの存在として生きるという全体性が機能するのである。精神というのは気が抜けた状態であって、それでは自分自身の位置をこの宇宙のなかに定位できない、と気功では考えるのである。

そういった点を、現代中国で気功を伝える数少ない老師のひとり王滬生がかつて教えてくれた図をもとに、以下に、気功的座標軸の生成についてみていくことにしたい。中国思想には陰陽五行という世界の把握の仕方がある。この思想から人という存在をみなおしていく作業をするのである。

五行とはいうまでもなく木、火、土、金、水の五つ。宇宙を構成する五大元素である。この木、火、土、金、水の配置は、このようになるという（図1）。

この図の上にある火は方位的には南であり、数秘術的には二に相当し、色彩は紅、そして精・気・神の神に相当する。その対極の下にある水は、方位的には北、数秘術的には一、色彩は黒、精・気・神の精に相当する。左右に対立する二つの原理、木と金は性と情という中国思想で重要なイメージを代表する。性と情は、気功的に非常に大雑把な言い方をすれば、いまここに生きて存在する生命をみつめるとき、そこに潜在しているそのものの本来の性質が「性」で表され、それがいまここに顕在してかたちとなって表れる勢いを「情」という言葉で表す。

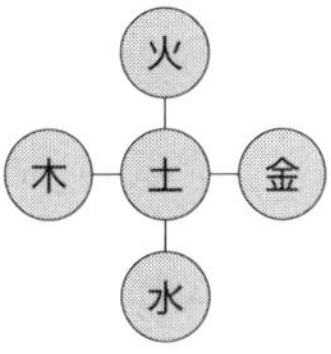

火
木　土　金
水

図1　陰陽五行

左にある木は方位としては東、数秘術的には三、色彩は青、そして「性」の質を表す。そしてその対極の右にある金は、方位としては西、数秘術的には四、色彩は白、そして「情」の質を表す。

中央にある土は、黄土であり、このそれぞれ二種の対立原理が陰陽二元論の原理にしたがってバランスをとって相互に変転する、その全体性をまとめる場的存在形式である。方位としては中央、数秘術的には五、色彩は黄、そして気功的に

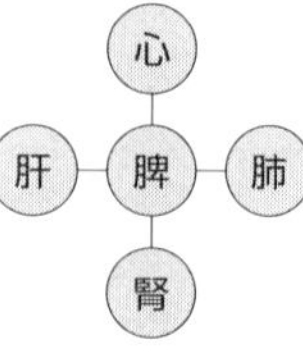

図２　五行と臓腑との対応

はここに「意」を位置づける。

この五つは、空間的な位置取りと同時に、時間的な位置取りも象徴しており、青春、朱夏、白秋、玄冬といわれるように、それぞれ木、火、金、水、色彩にして青、赤、白、黒に対応している。そしてこの場合の中央は、それぞれの季節の変わり目にもうけられた土用を表し、四季の移り変わりごとにいったん土の力に目を向け、それぞれの季節の特徴ある働きを養う期間として設けられる。

さらに、五行は身体とのつながりで臓腑とも対応していくことになり、ここに気功的な身体への取り組みが整理されていく思想的素地を見出すことができるのである（図２）。東の木は肝に対応し、南の火は心に、西の金は肺に、北の水は腎に、そして中央の土は脾に対応させられる。水、火、木、金、土が一、二、三、四、五と並び、この図は「三五一図」と呼ばれるそうで、対立する水火、木金の二つの原理は、水金、火木がそれぞれに引きあい、足し合わせると五になり、中央の五である土と響きあって、その対立する二原理の陰陽的相互変転の運動を支える基盤として位置づく。

私たちの身体を気功的観点からどう読み取っていくかということだが、気功の練習を積むことは、こういった宇宙的原理の陰陽五行が自身の身体においていつもそのつど展開していることの自覚を深めるということであり、練習にしたがって何でもないこの図が自身の身体をきわめてよく表現するものとして身体の感覚と深く響き合うようになるということがまずもって重要なことである。

その点について、気功の実践とのつながりを通して以下に説明していく。気功の体験を深めていくと、身心の土の要素に大きな焦点が当たっていることが分かる。気功の練習の多くは立っておこなう。地球の上に重力の影響を受けながら「立つ」ということは、あたりまえのように無自覚に私たちは日々、何気なくおこなっている。しかし、そこからさらに自覚的に立つようにすると、立っているという身体の体験が、自身の身体を軸に広がり、この世界がそこに新たに現れ出でるようになるのである。宇宙的な天地創造の現場につねにそのつど、参入する感覚である。

「立つ」ことは、重力を感じて、この世界の垂直軸を生み出すということだが、その上と下に、私の立つことによって生じる軸が天と地を生み出すことに気づく。もともと存在する天と地のあいだに私が分け入って立つのではなく、私が立つことによって、天と地が生まれ、そのあいだを私がつなぐ、この世界の成立の要となるという感覚である。

天の気は陽、大地の気は陰。その大地の気に養われて生まれてくる動物、植物、それらを私たちは食べものとしていただく。すなわち、食べ物は基本的に陰のあらわれであって、その陰の気を身体に取り入れるという作業を私たちは食事と呼んでいる。また、天を満たす空間には太陽が輝き、明るい大気が満ち満ちている。大きな純陽である太陽の光を受け、その光に満たされた大気を身体に吸い込むことで、私たちは天の気、陽の気を身体に取り入れる。この天地の気をうけて、はじめて天と地の間に人間が生まれるのである。

天地人の三才ということを気功ではいい、人間を抜きにした天地をこの世界として対象化して取りあつかう現代の私たちが一般におこなっている思考方法ではなく、人間がいることによってはじめて成立する天地人の世界、私のコミットによってはじめてこの世界に生まれてくる世界を大切にする思考方法をとる。五大の中心の土が「意」の位置であるということは、このことと深くつながっているのである。

天と地が人を抜きにして存立すると考えると、そこに登場する人という存在は天と地の中間に浮いているような、ふわふわとした存在となってしまう。しかし、いったん人がこの世界のなかに意をもって自身の軸をイメージ体験としてつかんでいくと、その軸を中心に主客が逆転し、人の関与が陰と陽の流れを生み出し、縦の軸をめぐってこの宇宙が新たな天と地となって開けてくる。気功にはさまざまなやり方があるが、どの気功にも、どこかにそういう動きが入っている。

この動きは、気功的にさらにイメージを展開すると、文字通りこの宇宙の「王になる」という体験になっていく。王というイメージは、言ってみれば、人間の代表選手のようなもの。誰もが自分自身の王であるのであって、特別な限られた人だけの王ではない。人というとあまりにも一般的すぎるので、人間一般を代表する大きな人として「王」というイメージを用いるのである。「王」という漢字の形態も、天と地のあいだに立つ人としての樹が一本すっと立ち、その樹が天と地を生みだしていき、自分自身が宇宙樹になっていくというイメージを開く。一本の樹が立つ、あるいは一本の柱が立つ。この世界の中央に王として立つ、ということは、どこが中央か探し当て、そこに立つのではなく、立つことが深まっていくことでその場所が中央に変容していく、そういう立ち方をいうのである。

気功の練習では、身体をほぐしていきながら、だんだんと静かに立ち止まり、そのようにして充実して立ち、天と地をつないだあと、今度は四方をみてまわるような動きをすることが多い。順番に新たな動きのなかで四方に向きを変えるようなものもあれば、ただその場に立っていて、身体をねじることによって四方位を眺めるということもある。そういう気功の所作は、自身の身体をこの宇宙の中心軸としてイメージ体験化し、その軸となる中央から四方を眺めるという作業なのである。

王として立つこと

いろいろな身体感覚体験をもつこの私の身体がここにあり、その縦の軸を中心に四方の世界があって、私という存在がここにこの宇宙とつながっているという感覚を作る作業が気功だといってもよい。五大からなる全体性を創造するということである。立つことが気功で大きな意味を持つのは、大地に立つことによって自身が天と地の間の宇宙軸になることと深く関わっている。そのことを大地の側からみると、「王」という文字の上の線、すなわち天を取りのぞいたかたちである「土」の重視である。大地の上に人がいて、大地に根差した軸を立てる、それが土である。五臓でいうと「脾」。脾胃の経絡の流れは消化活動と深くつながり、人の口から肛門へとつながる消化管を立つことによって垂直にし、大地の恵みを口から取り入れ、肛門から大地に返す。土の働きの身体表現そのものであろう。大地とのつながりを失った人が天と結びついてしまうと、「干」という文字に近づき干からびてしまうのだ。

私がずっと続けている気功のひとつが霊元功という気功の一部だが、霊元功ではまず脾の動作から入り、天と地の間の人としての柱を立てることからはじまる。そして、その柱を立ててそのあと、四方位をめぐりながら肺、腎、肝、心と残りの五臓を経巡っていく。霊元功はこの世界の王として自分が生まれる瞬間をそのつど体験するような気功だが、そのとき上虚下実、天に意識を上らせず、むしろ王のなかにある土に意識を向ける。四方位の中央で大地に根づき、そこから天につながっていくのである。

大地とつながるということは自分という存在の場所とつながるということである。それは自分の絶対的な位置である。みんなだれもがそれぞれに自分の立っているその場所が、それぞれの座標軸の原点なのだ。この自分のいる場所を中心に世界を眺めたときに、世界は自分にとってどうみえるか。いろんな角度からみえる世界を総合して一般世界を作り上げるのではなく、私にしかみえない、私という視界からみえる世界が問題なのである。だれがなんと言おうと、自分にはこうみえる、そういう私の世界をしっかりと把握する。それがしっかりと安定してできはじめると、そのとき「私は王である」となるが、一方で私は王であるけれど、考えてみると他のみんなも誰でもがそれぞれの世界の王にちがいない、ということに気づくことになる。私が王で他はみんな臣下であって、私の視点に従うべきだということではなく、それぞれが自分の王としての視点をもつという感じなのである。

私はたくさんの王たちのなかのひとりの、しかもやはり王である。そのことをふたたび文字の遊びで表現してみたい。たくさんのなかのひとりという意味を込めて王の文字のいちばん上に点をいれるのである。すると、それは「主」という文字となり、私という主体が生まれることになる。それぞれがそれぞれの王であるということが主体ということだ。主体の英語は subject だが、subject には臣下という意味も含まれる。王でもあり同時に臣下でもあることが主体ということだといってもよいだろう。

私は私として自分に固有の感覚をもっている。そういう観点が、こういった気功の体験から、身体の感覚に即して生まれてくる。これはきわめて個人主義的な観点であって、ある意味では欧米の「個」の概念に近いようにも感じられるがこの観点は単なる「個」では終わらない。他に開かれているのである。それは対等に開かれているというより、たがいに自分の治める世界を共有するというかたちで他に開かれている。私という観点からみると、他者や他の事物はすべて私の延長であって、私の世界の一部である。しかしそのことが、私以外の他のどの人にとっても同じようにそうだという事実がそこに同時に重なり合う。一人ひとりみな独自にそれぞれの世界をもっているということ、その世界の大部分が重なるという事態の上にそれぞれが生きている、そういった者どうしが交流する錯綜とした大きな世界が生まれるのである。

このように多くの王が君臨するそれぞれの王国が重なり合って成立するこの世界は、一人ひとりの王にそれほどの違いがあるわけではないので、そのほとんどが重なり合って共有され、その違いに気づくことなく「ああ、同じだ」と感じられている。しかし、問題によってはたがいにぶつかるということも生じる。そのとき、どちらかが正しいということではなく、私がひとりの王として自分の世界とどう関わるかを大事にしていくうちに、私と異なる人がその人もまた王としてこの世界に関わる、その関わりの事実も互いの世界の一部に位置づいていることをあらためて認識するとき、それぞれの異なった考えをどちらも消し去ることなくこの世界に位置づけるもう一段高次のマンダラ世界を生み出していかざるを得ない。そういう作業を進めていくことがこの問題の延長にあるはずであって、そこに気功的観点から生まれる共同世界の在り方を予感することができるのである。気功的観点からみた個人の主体性がそこでは問題となるのであって、それは従来の個の観点とは違うところに光をあてているのである。

私の身体を中心に四方位が生まれる。その中心に立つ。立つという行為は、人間に特有の行為であって、四足で動いていた時代から直立を果たすことによって、水平に並んでいた臓器を縦に並べるようになったのである。先にも述べたように、ものを食べる口が上に、消化したものを排泄する口は下に、単純化してみると直立した人間とは一本の消化管が縦に立ち上がった状態なのだ。この一本の消化管を立てるというのは、これは脾という消化器系の代表のような気のルートを土の中央に立てていくということである。五行の土は五臓でいう脾なのであって、それを立てていく作業が王として立つという作業につながる。

立つと今度は五臓でいう腎と心、五行でいえば水と火が陰陽の対立原理として重要な意味を持つようになる。立った状態では、心が少し上にあって、腎が下になる。心の火と腎の水。これが適切に混ざり合うことが、生命のエネルギーが活発に流れるということとつながるのだが、人間は心の火が上がり、腎の水が下がる状態でこの世に生まれてくる。誕生と同時に火と水が分離をはじめるのであって、陽と陰の気がそれぞれの場所に還っていこうとしはじめるのだ。それが死であるが、気功的発想では、その火と水の自然な分離の現象を一定の術によって逆転させようとするのである。

王として立つことで、火と水の分離を防ぎ、新たに火と水が交わり循環することを促進する。心の気は天へと上昇し、腎の気は地へと降下していく。そういう気の動きを自覚すること、そして気功的にはその流れを逆転させ、心のエネルギーを下げ、腎のエネルギーを上げる。具体的には身体のイメージ体験のなかで心の火を胸から下丹田におろし、そして腎の水がその火に自然に熱せられて背中側を意図せずして上昇するようにする。いわゆる内丹の小周天である。

身体感覚体験の重視――気のせいと気のおかげ

このように気功的世界では、感覚体験、とりわけ微細な身体感覚体験がきわめて重視される。しかし、自分の感じていることに私たちは騙されることがとても多い。錯覚の研究が心理学の一大領域であったことからもそれが十分に認識されるだろう[6]。しかしながら、錯覚の議論が前提として疑わない揺らぎなく存立する客観的世界など人間的世界には本来ないのであって、それぞれの人がそれぞれに体験することのすり合わせから真実を暫定的に想定するにとどまるのが実際である。

私たちは自身の感覚にごまかされることが確かに多い。私自身、かつて事故で頸椎損傷を負ったとき、首から下の身体の感覚麻痺を経験したことがあるが、麻痺した身体は私にとってまったくないも等しいということを如実に経験したことを覚えている。起きようとしても身体が反応しないのだが、そのときの感覚は身体が反応しないというのではなく身体そのものがどこかに行ってしまったという感覚なのである。物質としての身体はそこに確かにあるが、それは私という存在とのつながりを失ってただそこにあって、私にとっては存在しないのだ。私がいま感じていることはこの世界をその通りに写し取っているはず。そう信じるからこそ、私は目にみえるものや耳に聞こえるもの、その他の感覚に感じとられるものの実在を疑わない。しかしそのつながりは、それほど確かなものではないことを実感したのであった。

だがしかし、あるいは、そうであるからこそ私たちは感覚にごまかされ、騙されやすいのだと考えるのではなく、感覚とは本来そういうものであり、必ずしも客観的世界と一致することが感覚機能本来の働きではないと考えるべきであろう。感覚器官や感覚の機能は一定のまとまりをもって誕生した生命体をその生命体そのものの内部から一定の方向に定位する器官・機能なのである。感覚で受け取ったものを通してでなければ私たちはこの世界に触れることはできない。だからこそ、自分の感じることのできる感覚を通じて、自分の体験世界を自身の生命体を中心に細やかに広げていくことが可能になる。私という存在と私が生きる世界との通路となるものが感覚なのであって、感覚がなければ私にとってのこの世界は現れようがないのだ。

ここで問題となるのは、客観的世界をいかに正確に感覚でたどり把握できるかということではない。その感覚が正確か、錯覚か、そんなことに関わりなく、私がいまそう感じている感覚体験こそが私の世界に触れていく出発点だと考えることが気功的にはとても大切なのである。通常の世界の理解、感覚に対する理解のモードを逆転させ、感覚そのものから出発するのである。

たとえば、禅と気功を比較してみると、この点の特徴が少しみえてくるかもしれない。座禅では座って静かに瞑想の状態に入っていくとき、いろいろ頭に浮かんだり、身体に感じる感覚体験やイメージ体験はすべてそれにとらわれないようにして、無心になろうとする。そこにとらわれていくことを「魔境」とよんでつよく戒めるのである。すなわち、頭に浮かぶイメージや身体の感覚は、それに私がごまかされているのであって、振り回されないように、とらわれから離れて無になろうとする。そうしてできるだけ感覚から離れようとする。そういうことを通じて、一気に自分の存在の根源に触れていくことを禅はするのだろうと思うが、気功では、とらわれないようにという点では同じだが、むしろそのとき生まれてくる感覚を避けることにエネルギーを使わず、イメージや身体の感覚が生じていることを事実として受け入れ、その感覚体験、イメージ体験を主体的に味わい、活かしていこうとするところがある。

何らかのイメージや感覚が生じてきたらそれが客観的現実とは異なる妄念の所産であっても、それを否定せずに体験しようとする。どのようなイメージ体験や感覚体験も私のこころのかけがえのない反応だからである。そして、そうやって出てくるイメージや感覚の体験を否定することなく自分の心身に目を向けていると、思わず身体を動かしたくなったり、あるいはまた実際に身体が自発的に動きはじめることもある。自分の意思に関わらず自然に姿勢が変わっていったり、身体が動いたりすると、私たちは自分の身体のコントロールを失ったと思い、自我を脅かされて不安になるものである。そのとき、不安が強まり、無理にやめようとすると、かえってしこりが残ってしまうことが多い。そういった自発的な動きは生命体の必然の反応ととらえ、自然に動くに任せてみようとすることがこの場合もっともよい対応であろう。生命体としての心身がおのずから精一杯に動ききると、案外に一定のところに収まってくるものだからである。

ただし、このように自分の心身の自然発生的で、自発的な動きに身を任せるには、実践する者にそこで生じる不安に十分に対処できるゆとりも必要である。一般的に言って、ある程度の自我の強さがこういう心身の修業に必要な所以である。

身体の感覚やイメージを通じて現れてくる何かは、私の意図をこえて現れてくるので、意識的にはそれが何なのか判然としない。ただ、意図をこえて現れるものにたいして、それを排除すべき異物とみるか、むしろ私がそのなかにいて気づかない大きな気の流れの現れとみるか、それによってその後の展開に大きな違いをもたらす。私たちは、それを大きな気の流れ、大きな生命の流れととらえ、そこに無意味なことは何もないと考えるのである。そういう姿勢をもって自然に生まれてくる微細な感覚を大事にしていくと、私は、その大きな気の流れの原点とつながりを保ちつつ、今の私の自我の関与できる可能性のある一定の場にたどり着くだろうと期待するのである。

私たちが気功を実践するなかで大事にするのは、日常の自我意識の観点からするとあまり意味があるようにはみえないような、微細で曖昧なことへの感受性である。何かを感じるというその感じそのものがいまここにいる私の体験として「ある」ことを重視する。あるかないか微細な分かりにくさがあるけれども、いったん「ある」と思ってみると、「ある」感じがしてくる。そうであれば、「ある」感じがしてくるという方に賭けてみて、その何かをずっとたどっていくと、そのかすかな感じが「あ、ある、やっぱりある」という感じになってくるのである。何かが「ある」というこの存在の在り方が、これまで私がイメージ領域のできごととよんできたことである。(7)

「ないけれどもある」というこの感じがだんだんと生じてリアルになっていき、その「ある」という感じが実際に自分のさまざまな行動の原動力になり、エネルギー源となるのである。ここがまさに「気」の働きの特徴であって、それゆえ私たちは気功の練習を終えるときには、日常の自我意識の主動する状態に切り替えるにあたって、気功状態での感覚体験は「気のせい」であった、とすっきりと捨て去ることをするのである。気功をしているあいだにさまざまな身体感覚やイメージ体験が生まれてきて「気って面白いなあ」という感じになっている。その面白さはまさに「気のおかげ」であって、気功を終えるときにはそれらをすべて「気のせい」としていったん脇に置くのである。この切り替えが上手に、スムーズにできるようになること、そしてそこに遊び感覚を感じ、楽しむことができるようになること、同時に気功の最中に生起してくるイメージ体験、感覚体験は慈愛のこころと楽しみをもって体験できること、これが気功の勘所である。

音としての気――カキクケコの意味

「気」は、日本語としての私たちの世界に根づいた言葉でもあって、「はじめに」のところで雰囲気や気配という言葉に即して、また、性格表現に使われる言葉として触れたのだが、以下にあらためて「気」の日本的特性について検討してみたい。これまでずっとあたりまえのように「気」という言葉を使い、この語の源としての陰陽五行の思想や煉丹術にふれてきたが、日本語としての「気」に焦点を当てると、それはそれでまた新しいイメージの連想が開かれる。「気」は中国語では「キ」と言わずに「チー（Qi）」と発音するのであって、「キ」という音はまさに「k」の音の響きをもった日本語としての特有の歴史を背負っている。[8]

「気」の日本語の音の歴史をひもとくと、きっと興味深い事実がいろいろあるように思われる。日本語は言葉の音がとても重要な言語である。「気」についても「キ」という音がそれ自体一定のイメージを喚起する音であることが分かる。国語辞典などで「気」の民間語源説などが載っており、そこではたとえば「キッときざす」ところから、という説明が載せられている。宮崎駿の『となりのトトロ』の一シーンで、子どもたちとトトロがぐんと背伸びをすると、それに合わせて植物がニョキッと伸びる、あの「ニョキッ」の「キッ」である。気がキッと何かのものから生まれ出てくる。この「k」の音。この音が何もないところから何かがほとばしり出てくる、その力を表しているのである。

そこから推論すると、日本語のか行のカキクケコはそれぞれ母音は異なるものの、子音「k」を共有し、「k」イメージに影響を受けながら日本語の意味を形成しているのではないかと思われる。そんなまなざしでか行の文字を眺めてみると、「カ」はかおり、「キ」は木や気、「ク」はくさみ、「ケ」は気配とか、もののけのケ、あるいは髪の毛、「コ」は木の古形であり、現代でも木立ちなどのように使う、など何もないところから「キッ」と兆して、現れてくるものばかりが見出される。そういうものがカキクケコという音のなかにあって、さまざま自然に兆し出てきたものが凝り集まるとコロコロと「ココロ」になっているのかとさえ連想が膨らむ。

また、「コ」は「ここ」「そこ」「あそこ」などというように場所を表す接尾辞でもある。何もないところに「ここ」と宣言し徐福が杖を突くと、温かな泉が湧き出てくる。「ここ」という場所にキッと兆して、現れ出てくるもの、それがカキクケコに共通する子音「k」の音イメージなのである。これらは私が勝手に想像しているだけだが、何度も口に出してカキクケコを発音していると、確かにそんな感覚も生まれてくるから面白いのである。

カキクケコという、か行の子音の響きに潜むイメージ喚起力は、子音すべてに共通する特徴でもあって、日本語という言葉のとても個性的な特性を表している。比較的単純な母音の構成も加わって、音の響きが通常の意味世界の堅固な構造を突きやぶり、言葉同士の壁を突き崩してその背後に音連想のふしぎなつながりを生み出す。いってみれば、日本語というのはコトダマの世界というよりもオトダマの世界なのであって、そこに多くのダジャレが成立し、オノマトペの多様な世界表現が成熟した概念的言語表現と同等の位置にのぼることが可能な言語が日本語なのである。

それに対して、中国語は漢字の成り立ちの歴史と深く絡みあって成立しており、視覚的イメージの連想の広がりが音よりも強いように思われる。もちろん、その視覚イメージ優位性も近年の簡体文字によって随分と変わってきているのかもしれない。しかし、漢字そのものの成立が、象形文字としてさまざまな視覚イメージの組み合わせで無限の意味を生んできたことを思うと、そこにはおのずと「気」についての感覚にも、中国語の意味内容と日本語での展開との違いが映し出されているようにも思う。視覚イメージはおのずと何かに書き記すことによって共有することの必要性が迫られるのにたいし、聴覚イメージは耳に届くことで共有されるのであり、つねにそのつどこの世界に響き渡っては消える性質のものである。

もちろん聴覚イメージ優位の言語も、社会の成熟にともなって国という単位を意識しはじめると、その構成員全体に共有しうる法を整備しようとするようになるのであって、それは音の世界ではなく文字の世界を必要とする。どうしても伝言ゲームでは無理があり、文字化した記録が必要となるのである。とりわけ日本語文化では、この書き言葉と話し言葉の対比の問題は、潜在的にとても面白い問題をはらんでいて、気と身体の問題を考える視点にも影響していると考えられる。

たとえば日本の神話についてみると、書き言葉と話し言葉という対比から非常に面白い問題が提起される。私たち臨床心理学の世界では、河合隼雄の多くの業績が端的に示しているように、神話や昔話のなかに出てくる物語を私たちのこころの深層の働きとして読み解く、という視点がよく活用される。しかし、日本の神話がどのように現代に残るようになったのか、口誦（こうしょう）伝承から記録された物語への変化のプロセスも、実に私たちのこころの働きの深層構造をそこに読み取ることも可能な象徴的できごとであったのである。

日本神話が現代に伝わるかたちで文字として記録されるようになるのは、およそ七〇〇年代の前半、『古事記』が七一二年、そののち七二〇年に『日本書紀』、それと相前後して五つの『風土記』が編纂された時期にさかのぼる。なぜこの時期か。それは言うまでもないことだが、この時期、大和政権がこの日本という島国の巨大な勢力となって、はじめて国家としての体制を整えようとしはじめた時期であったからである。また、そのことは同時に私たちが話していた言葉を記し残すための道具として漢字を援用した文字が使われはじめたこととも重なるのである。この二つは偶然の重なりではなく、言葉を統一すること、文字を整えることは政治的な統合と密接不可分のできごとであったことを物語るできごとなのである[9]。

書き記すための文字の成立、日本語の音を表す記号としての文字を共通に使い始めたことは、私たちにとって非常に大きなできごとであった。それ以前からも漢字は中国から日本に伝わっていて、古いところで西暦四〇〇年くらいから江田船山古墳出土の大刀銘文など金属に刻まれたものが残っている。古事記編纂の時代よりも二〇〇年、三〇〇年まえに漢字を使って日本語の音を表記する記録があるということは、もう少し以前から、文字による記録の可能性は試みられつつあったのであろう。

漢字の音韻を活用して日本語を表す文字として借用するという歴史はこのあたりから少しずつ始まった。たとえば一九八〇年代の若者が「よろしく」というのを「夜」「露」「死」「苦」と漢字を並べて書き記したような試みと同じように、こういった作業は単純に音の当てはめでもあり、もともとの漢字のイメージも活用できるところではできるだけ活用しようとして、すり合わせしていったことも暗黙の前提であったにちがいない。「夜露死苦」と書かれたメッセージは、挨拶であると同時に、強い情緒を掻き立てられもする。そこに独自のメッセージ性を生み出すのである。万葉仮名の成立の背景には、おそらくそういう作業の繰り返しであったはずだ。そして、そういった作業を真剣にやりはじめた時期が七世紀、万葉集の編纂のころであったのであろう。

自分たちが話している言葉を何かに書き残すことができる。言葉を統一していくことが、その社会の文化を共有し、地域のまとまりを強めることと直接につながることをみな経験していたはずであり、大和政権という強力な支配権力が生まれつつあった時代、彼らがそれを利用するのは理の当然であろう。

大和政権はそのうえで、国について語る物語を統一していく作業に着手し、それが古事記、日本書紀、さらには風土記の編纂につながっていく。口誦伝承の世界から、記録された文字伝承の世界への変換。語っては消える世界を繰り返すことで、いま、ここに生きている者どうしのあいだでの共有を主とした口誦伝承から、いまここにいない人にたいしても、時間、空間をこえて共通の物語を提供しうる文字伝承の世界への転換。この転換が共同体のこころを統一し、組織立てていくうえできわめて重要な、大きな事業であったことは明らかである。現代の私たちが学校システムや教育の意義を軽視できないことの根源はここにつながるのであろう。

日本書紀では、一つの伝承に対してさまざまな言い伝えを「ある書に曰く」というふうに併記するスタイルをとっている。同じ名前の神でも、土地によって扱われ方や物語の語られ方が異なるのであって、政権が大事とする神にたいする姿勢が異なっては困る。そこで、日本書紀はできるだけ公平に記録を集めつつ、中心的な国を作るための編纂作業を進めたのであろうし、おそらく、遺さないという判断のもと消えていった物語も多くあるのではないかと推察する。風土記は地域の特性が残っており、たとえば出雲の風土記などは、出雲の土地の人が書いたものらしく、古事記や日本書紀とは異なった神話伝承が多く残っているのである。

私たちが自分自身の由来をどのように説明するのか。それが神話を生み出すこころの動きだが、それらはもともとはさまざまな土地にまつわる口誦の言葉群であった。それをここでは「オラリティ」と呼んでおくことにしたい。口にまつわる意味をもつ oral から生まれた造語であるオラリティ、この表現は、文化人類学者の江口一久に教えていただいたものである。江口は西アフリカのフルベ族の口誦伝承を長年にわたり研究し、それを日本語にして語り伝える会を設けることで、物語を言葉にすることの力の独自性に気づき、そこにオラリティという名を付して議論しようとしていた。

さて、口誦伝承は、身のまわりの情報を共有しうる限定された人々とのあいだで語り継がれてきた物語である。これにたいし、そういった物語を人々や状況が変化しても残りつづける普遍的な物語へと編纂しなおしていくプロセスが、文字記録の可能性によって生まれ、それが日本の神話の編集につながっていく。しかし、神話の前提となっているオラリティの部分こそ、生きた人間との直接的なつながりを保つ部分であり、物語を語るその人がどのようにして物語に支えられているかが見てとれる部分である。このオラリティ感覚をなくさないようにしなければならない。つまり、神話を固定化し、国の基盤を固めていく国造りの作業をすすめるなかで、しかし実際にその言葉を紡いできたのは誰か、その背後に口誦という音の響きを通じて物語を語る生身の人間がいたはずである。口誦伝承は話す人がいなければ成立しないし、またそれを聴く人がいなければ成り立たない。そこに生きている人間が関与しないと伝わっていかない世界が背後にあったはずなのである。

その物語に生きた生身の人間が関わって「これ、面白いね」と反応するからこそ、話が伝わっていく。私たちが生きている世界にはこんなに面白い話があり、しかもそれは私たちの世界の成り立ちを教えてくれる、そういう生きた感覚で伝わるところに人々の暮らす世界が生まれるのである。しかし、大きな国ができてくると、話し言葉が届かない人々にも、それを書き言葉にして伝えられるようにする必要が生じ、結果的に物語の生きた部分を落としていくことになってしまう。そういうことが日本神話の成立のなかにあったのではないかと思うのである。

話し言葉のなかにある、話し言葉で生まれてくる何かを取り戻していく作業は、私たち臨床心理を専門とする者にとってはきわめて重要な作業である。心理療法のなかで、クライエントが自分の体験をさまざまに語ることに耳を傾けることは、つねにこの神話産出の「とき」に立ち会っているようなものなのである。そして現代の日本の社会も、大きな地震も経験して、地球規模の変動のなかで、国の物語をもう一度つくり直す作業をしなくてはならないような時期に来ているのではないかとさえ感じる。

大地震のあと、あたりまえにあったと思っているものが一気になくなっていくという経験を多くの日本人がした。しかしまた、なくなっていっても私たちは生きていて、すぐにその経験さえなかったことにしてしまうようなところもある。私たちが本当は、あたりまえにあると思っているものごとにしっかりと積極的に関与して、そのつどこれが私たちの国なんだと確かめる作業をして、つねに神話産出の「とき」を生きていく必要があるにも関わらず、「私たちのうち、ひとりくらいいなくても国はあるはず」と錯覚して、現実には確かなものは本当はない、すべて流動的であるということに目をふさいでいるのである。

私たち生きている人間が関与することで国はそのつど生まれる。そういう国の在り方をしっかりと考えていかなければならない。そのキーワードにオラリティの世界への注目があるはずである。

オラリティの世界は気功でいうと身体の感覚の生み出す世界である。いま生きている私の身体の感覚は、私が死ぬと同時に消えるものでもある。私はいまこう感じているということをひとつの真実として、それを基盤に他者と関わることができて、初めてそこに社会が生まれてくる。この社会はけっして私が生まれるまえから、私がいようと、いまいと関わりなく存在する社会なのではなく、私という一人の生きた人間が主体的に参加することで新たに作りかえられていきながら一定の国や社会になっていく。そういう感覚を大事にしていくこと、そのように身体という問題を考えていくことが現代社会のとても大切な課題なのである。

身体から発せられる音としての言葉が、私が他者と関わるうえでの真実の基盤を生み出す根幹にある。それがオラリティと身体の関係であり、オトダマそのものであろう。自分の声を発してこの世界に触れ、この世界に響く言葉をそのつどこの世界への関わりの手だてとして紡ぎ出すこと。その言葉が客観的にみて、あるいは他者からみて「それはおかしい」とか「その考え方は変だ」と言われたとしても、いまの私にとってはこう感じるのは確かだということを発する力を、私たちはもつ必要があるのではないだろうか。

このことを私に示唆してくださった江口一久とは、バウムテストの国際比較の作業をすすめるなかで出会い、江口のフィールドであったカメルーン北部のマロワに滞在したとき、このオラリティについて深く考える機会を得た。

江口は四〇数年、カメルーンをフィールドとして一年の三分の一はそちらで暮らし、かつて遊牧の民族であって現在はほぼ定住しているフルベ族の口誦伝承の聞き取りを行っていた。無文字社会でもあるので、その音をアルファベットに写し、昔話を整理して、フルベ語の辞書を作成したのも江口である。そのために江口はカメルーンにも居所をかまえ、ほとんどフルベ族の一員のような暮らしをしていた。

江口は四〇年以上かけて、電話帳よりもっと分厚いカメルーン北部地域の昔話集成を幾冊も出版してきたが、その研究事業のなかで、彼の身のまわりの手伝いをしている男性がいた。ずっと昔から手伝いをしていた男性だったが、その居所に土地の人を招いて、昔話を聴きとり、テープに録音し、文字に書き出すという江口の作業を長年横でみてきたにも関わらず、一切関心を示すそぶりはなかったという。しかし、その男性がそういった世話を二〇年くらい江口のもとで続けてようやく「自分も同じような話を知っている」と言いはじめたというのである。

二〇年ほど近くにいながら、突然に物語を語り出したことも驚きだが、その話を聞きはじめると、それまで洗濯をすることが仕事の中心で、学校も出ていないし、無学で、知識もないだろうと思っていたその男性が自分の知っている昔話だと話しはじめたのが二〇〇は優に超える数の物語であったということも驚嘆すべきことである。

「何か一つ日本の昔話を話してほしい」と外国の人に言われても、なにも手本がないと話せない人のほうがいまの私たちには多いのではないだろうか。しかし、その男性は二〇〇もの話を話しだす。そのうえ興味深いことに、その人の語る物語には、似たような話がたくさんあることもわかってくる。どんなふうに似ているかというと終わり方が少し違ったり、何かのエッセンスが少し違ったりするということであったが、その類話は「この話は自分の母から聞いた話」「この話は自分のおじいちゃんから聞いた話」「これはおばあちゃんから聞いた話」というふうに、話をしてくれた人とセットで残っていたのである。

これが口誦伝承の真の世界なのであろう。そして、これをずっと長いこと江口に語らなかったというところがまた非常に面白いところである。それはなぜだったのだろうか。目のまえで昔話を聴きとり、書き記しているのをみているのに、である。自分が子供のころから聞いて自然に覚えている物語の世界が、目のまえの外国の学者の聴きとりの作業とすんなりとはつながらなかった。口誦伝承を通じて人と人とのあいだに伝わる何かは、見知らぬ学者が来て、書き記す文字の世界で伝わるものとはまったく違ったものなのである。温かな生身の伝承世界は自分の個人的世界にもつながる。だからこそ、それをすぐに語る間柄でもなく、その感じにはならなかったのかもしれない。あるいは、まったく無関係のことだと感じていたのかもしれない。それが長い時間のなかで信頼関係が築かれ、家族のようになっていくなかで、その家族の一員に自分の知っている物語を夜、火を囲んで語り合うようにしゃべりはじめたのではないだろうか。

口誦伝承の世界の持つ力は、声が届く範囲に響くものである。生身の声が届く範囲の、同じ場所を共有しているなかで文化が共有されていく。そういうふうにこの世界を構成する力というものがある。

それに対して、書き記すべき文字があり、その人がいなくても言葉は残るという文化の一つの例をモーゼの十戒にみることができるだろう。言葉が石に刻まれる。書き言葉として刻みつけられた言葉は、それに従うしかない律法の言葉となる。そういう言葉の世界に生まれる文化と話し言葉の流動的な交流のなかに生まれる文化は、そこに生きる者の感触が相当に異なるのではないかと思う。

世界中のどの文化も、もともとのはじまりは文字がなかった。どの文化もそもそもオラリティの世界からはじまったはずである。それが書き記す文字の発達のなかで、言葉の重心が、そのとき、その場所の体験から、普遍的な時空の世界に少しずつ移っていくことになる。文化のはじまりにあった口誦による話し言葉の時代の感覚は、ときを経た私たちの世界では、あらためて意識的に回復し、見出そうとしなければみえてこない世界になってしまっている。

日本語の口誦伝承には日本固有の感覚体験があり、カメルーンで語られる語りにはカメルーンという土地のなかで紡がれた固有の感覚体験がある。そういった話し言葉に焦点を当てることによってみえてくる特性は、音の響きとともにすぐに消えていき、深層に沈殿するものであって、それを日本的特性だとか、カメルーン的特性とよぶことができるのだろうが、それはかたちにしようとするとすぐに消えていくものなのである。この土地に私が行って参加しているという感覚は、そのときの身体の感覚であり、声の響きである。

日本的なものがあるとすれば、どこかに日本的なことが書かれているのではなく、私たちが自覚的にこの日本という国に生きることに身を投じ、そこで言葉を紡ぎ、積極的に関与するという感覚をもって、この世界を眺めていくときに生まれるものなのではないだろうか。日本という場所で生まれるものが、それは日本というものとつながったある種の感覚であろうし、また別の土地にはその土地の何かが引き出されていくのである。そういうふうなものとして日本的精神というもののもつかまえてみると、その絶対化に向かって突きすすむことは原理的には起こらなくなるはずだ。そしてむしろ、他の土地の精神との交流を進める基盤として自分の日本的精神を大切にできるようになるはずである。

気功も、中国で生まれたとはいえ、日本でおこなうかぎり、先に述べたようなカキクケコが入ってくるのであって、その影響を受けた独自の感覚が紡ぎだされてくるはずである。私たちも実際に、気功を繰り返しおこないながら、自分の身に合ったように改変していることを実感している。自分の身体の動きやすいように、この土地になじみやすいように、共有されやすい言葉で体験を語るように変わっていくのは自然な流れであり、そんななかで生まれてくる気の体験も、おそらくその土地や風土によってさまざまな限定を受け、新たに形づくられてくることだろうと思う。

ここにオトダマやオラリティのテーマが大きく関わってくるのである。精・気・神のところでも指摘したが、精神という言葉に「気」が抜けているように、文化が安定的な構造をもとうとするとき、揺らぎをひきおこす気はそこから抜け落ちていきやすい。気は、ぱっときらめく一瞬の生命を精神に与え、精と神をダイナミックにつなぐ力である。気だけがあって精と神がなければ何も生まれないし、精と神だけしかないと気が抜けて活性化しない。気が入ることによって形あるものがいま生きているものに変化していく、そういうダイナミックな生命力の根源を「気」が表すのである。いつでも消えてなくなりやすい生命力を基盤において自分という存在を形成する作業が気功なのである。

天と地のあいだに立つことを通じて、人間は独自の世界を創造していった。この人間が創造した世界の基盤は、実はしっかりとした盤石のものではなく、そこにいま生きている人間がつねに関わりつづけることによってはじめて形をなす基盤なのである。また、関わりつづけるかぎり、かたちなす基盤は思いのほか柔軟で強いのである。そういう基盤が人間社会の基礎にあるという感覚を、私は気の研究と実践を通じて強く認識するようになったのである。

文献と注

(1) この文章は、秋田巌が主催した『京都文教大学：シリーズ日本的心理療法研究』でおこなわれた講演、シンポジウムの二つの記録を合わせて一つにしたものである。二つとも『気のせいか、気のおかげか?』という同名のタイトルである。「はじめに」と、「気功からみた私の身体」の節以下は二〇一一年五月一八日に開催のシリーズ日本的心理療法研究第六回での講演、「臨床心理学とは何か」、「イメージ体験としての気」、「私の身体について」の節は、二〇一二年三月二四日に開催した公開シンポジウム『日本の心理療法　身体編』で話題提供した記録をもとに整理し直し、いくぶんか意味の通りやすいように加筆修正をしたものである。内容に繰り返しの部分があるのはそのためであり、その点は記して読者のご寛容を願いたい。また、気の思想に関わる歴史的な叙述の部分は私の知識の不足が多いことを恐れている。このあたりについて現在最も精力的に、また厳密な検討をなさっておられる坂出祥伸、三浦國雄、吾妻重二らを中心とした多くの著書に教えられつつも、最終的には、筆者がこれまで気功を学ぶなかで口頭で学んだ体験的知識の周辺の整理の域を出ない。専門の方々のご指摘をぜひいただきたいと願っている。

(2) 一人称の科学については、「一人称科学の提唱」というジェンドリンとジョンソンによる共同宣言がフォーカシングのサイトに日本語に翻訳されて読むことができる。参照されたい。

http://www.focusing.org/jp/gendlin_johnson_iscience_jp.html

(3) このワークは、一人称の科学を研究している関西大学の村川治彦に教えてもらった。非常にわかりやすいので愛用している。

(4) 『覚醒する心体』(新曜社) のなかでかつて私は「黒い身体」としてこの点を整理しようとした。玄と明というキーワードは気功の体験を考えるとき、非常に重要であると感じている。いずれあらためて整理していきたい。

(5) この点について、精神科医の加藤清が「正常な二重見当識」という表現でその意義を語っており、上述の私の著書のなかで気のアイデンティティの問題として検討した。

(6) すでに臨床心理学における錯覚の問題は他で論じたことがある。左記を参照のこと。

濱野清志 (2010) 錯の心理学試論：一回性のリアリティの回復に向けて.『トランスパーソナル心理学／精神医学』*10*, 29-33

(7) このイメージ領域は、井筒俊彦が『意識と本質』の中で詳述しているアンリ・コルバンのいうイメージ界 (mundus imaginalis) を念頭に置いている。心理療法の実践をすすめる上で、このイメージ界の理解は必須のものと思われるが、ここではイメージ界と一気に表現するより、もう少し私の体験に即して検討したいと思い、イメージ領域などという表現を使って議論してみた。

(8) 日本語としての気の特徴については、すでに中井正一、赤塚行雄などの多くの先達が非常に興味深い論を展開しており、そちらを参照されたい。ここでは、そういった議論を踏まえつつ、筆者自身の自由気ままな連想を語ることによって「気」という言葉を使う筆者自身のなかでの「気」の広がりを語っているので、文献的にはきわめて厳密性を欠くものであることをあらためて記しておく。

(9) このあたりのことは、『日本神話』(岩波新書)をはじめとする、上田正昭の諸論が非常に参考になった。翁語りと媼語りの指摘は、臨床心理での事例研究での臨床事例の記述の方法について、それが何に向かっての言葉なのか、どのように考えるか、という点でも考察すべきことが多いように思う。もちろん、本文の整理は私の私見を交えているので誤解もあることと思うので、ご指摘いただければ幸いである。

身体篇――ディスカッション

秋田　それでは、ディスカッションを始めさせていただきたいと思います。順番に話をしていただくのではなく、「ここをもうちょっと喋りたい」とか「ここをあの先生にお聞きしたい」とかいうようなことがあれば、どなたでも結構ですので、お願いしたいと思います。それでは、僭越ながら私の方から少し。清源先生のご発表のバウムテスト、これはやはりとても印象的でした。和太鼓を始めて一年未満のときに描かれたバウムテストですよね。まるで首をギューッと絞めつけられてるような感じもして。清源先生は「神」という言葉を使われましたけれども、悪魔的というか、業火が燃え盛ってるようにも感じます。いずれにしろ、人間を大きく超えるもの。それが、首あるいは身体をグーッと絞めつけられている……。そのあたりのところを鶴先生には臨床動作法の立場から、濱野先生は気はもとよりバウムのほうもずっと研究しておられるので、それらの立場からお話をいただければと思います。

鶴　あの絵で私がいちばん気になったのは、やはり宙に浮いてる感じですね。しかし、エネルギーはある。でも、根づいてない。だから、まだ、自分の中に、土台というものがないけど、いわゆるエネルギーはある。でも、そのエネルギーが、自分でもなんていうか、統制のとれないという感じ。そういうようなエネルギーをヒシヒシと感じている段階。これから、現実検討しながら、この木らしい統制を生み出していくプロセスの一段階かなっていうふうに見ました。

秋田　その「エネルギー」には時間性をも感じなくもない。見ようによっては砂時計のようにも見える。そして身体性に着目すれば、身体エネルギーが「上」と「下」で流れが悪い。身体にも、流れ・時間性が備わっているわけで、これを砂時計に見立てた場合、充分に機能的な砂時計ではない。だが、もう一工夫でかなり立派な砂時計になり得るレベルだとも感じます。話を「締めつけられている」という感覚に戻しますと、どのような対処をしておられるのか。そもそもそういった症状をお持ちのクライエントさんが臨床動作法の門を叩かれるのかどうかも含めまして、鶴先生いかがでしょうか。

鶴　ええ、首を絞めつけられている感じがするという、そういう苦しい体感を訴える人はいます。臨床動作法からいえば、首を絞めつけるような力を自分で無意識的に常に入れているということになりますが……。そういう人は、首、肩が凝ってますね。それから、頭の地肌もかたいです。からだは繋がってますので。それで、臨床動作法では、首や肩、背中をじっくりと動かして、緩めていきます。すると、首、肩は楽になり、首の締めつけ感は減っていきます。そして、クライエントさんのほうから頭を洗う時に、自分の頭がなんかちょっと柔らかくなったような気がしますということもあります。そんなふうに、お話にあった方は、やっぱりからだが凝り固まっていましたか？　途中のインタビューのところで、からだが凝り固まってるという表現があったようですが。

清源　はい。この方とは異なる三回の時期にお会いしているのですが、一回目にお会いした時が、特に身体が凝り固まっている印象を受けました。私の調査では、実際に身体に触れるということはしていないので、ご本人の語りと、客観的に見た様子から思うところにはなってしまうのですが、この方は、自身として全体になれていない、巡りが悪いという意味での凝り固まりを抱えておられたように思います。ご本人は身体については「感じることができない」「麻痺している」といったことを強調されているので、恐らく自身の身体が凝り固まっているということの自覚も持ちにくいような体感の乏しさがあるのだと思うのですが、それほどに心と繋がれていない身体ということを考えても凝り固まっていたことが伺えるかと思います。

鶴　「感じることができない」というのは、からだを感じることができないということと同時に、心も感じることができないということで、重なっていたと思えます。臨床動作法では、本人の体験としては、からだが固まっているときは、「からだを感じられない」と表現することが、よくあります。私は清源先生のお話を聴きながらそういうイメージだったのですけど。だから、首がギュッと言われたことで、あれは一見するとフワッとっていうか、広がってる印象だけど、秋田先生がそういわれて、私は、やはりそこに、からだの固まりが表れていると思いましたけれど。

秋田　首がギュッとというか固まっている、それは心が固まってるんだけれども、身体も固まってるというか、僕が勝手に首というか身体がギュッと締めつけられてると言ったんだけれども、そういう感じというのは、この方からはしましたか、清源先生。

清源　締めつけられているというので相当するかなと感じますのは、この方からは、不自由さのようなものがとても感じられました。先ほどの身体の凝り固まりというのも、客観的には不自由さのようなものとして現れていて。この方、見るからにガチガチという人ではなくて、どちらかと言うと、端から見ればいろいろなことを器用にそつなくこなせる人なのですが、太鼓を叩くとなると、太鼓も表現なので、普段のこの方からは想像しにくい不自由さが出てくるのです。学校の先生からするようにと言われたことを何でも器用にこなせてしまう子どもが、プレイルームに入って、何でもあなたのやりたいことをやってよいのですよと言われると、途端に何をしたらよいのか分からなくて固まってしまうような、そんな不自由さとでも言いましょうか……現実適応は上手にできる人が、自分の内奥に触れずに誤魔化すということを封じられて、身体も含めた全体としての自分がさらけ出される場でこれまで取ったことのない手法で素直な表現を試みたりするとそんな不自由さが出てくるかと思うのですが、太鼓を叩くことにおけるこの方にはそのような不自由さがありました。その不自由さを生じさせているところが、バウムでは締めつけられているような感じとして表れているのだと思うのですけれど、この方の場合、その不自由さがご本人に自覚されていないので、締めつけで言うなら、ギュッと首を絞められているのに、絞められていることに気づかず普通に生活しているような感じもあって、それはAさんが痛いことを痛いと感じられない身体と語っていたところからも伺えますが。少し長くなってしまいましたが、締めつけられているような感じがこの方からしたかということに関しましては、強烈な巡りの悪さを生み出すほどの自分の中での全体になれていない感じや繋がれなさ、つまりは締めつけが恐らくこの方の中にあって、それが実際に不自由さとしてこの方からは感じられるのだけれど、本人はそのような自分の中にある不自由さを体感として感じられていない。その体感の得られなさまで含めて、この方が抱えていた締めつけられている感じだったのではないかと思ったりしております。

秋田　上と下は自由すぎますよね。自由すぎる……そのかわり中心が。ここがひとつ交差点となって上下に広がりえているとも言えると思いますけれども。そして、それが和太鼓を叩くことによって、どのように変わっていったかというところで何か感じるところがあれば。

鶴　ついでにお聞きしたいのは、あの絵を描いたときの和太鼓の演奏の様子です。どういう演奏をしていたのか。和太鼓とどう向き合っていたのか。あのとき、どういうやり様だったというのはわかりますか？彼女が打つ時にどんな感じだったとか、思い通りに打てていたかとか、いわゆるからだがこう打ちたいんだけど、そうは打てなかったとか。

清源　そうですね、先ほども申しましたようにAさんは私のクライエントではなく、一緒にセッションを行ったわけでもないので、Aさんが実際に演奏をしておられる様子というのは調査に伺った際に練習をしておられるのを少し見学させていただいたくらいのものにはなってしまうのですが……身体が全体として使えていなくて、肩が上がっていないとか、腕にばかり力を入れてしまっている。太鼓を始めた最初の頃は多くの人がそうなのですけれど、普段から自分の身体に馴染めている人は身体での体感を拠り所に演奏をするので、そういう人は和太鼓演奏での身体の自由さというものを徐々に掴んでいきます。けれどAさんは、もとから自分の身体にあまり馴染めていない感じでした。和太鼓演奏に限らず、そもそも身体を含めた自分の自由さというものが掴めていない。太鼓は特に、小手先の器用さのようなものでは不自由さをカバーできないところがありますので、演奏するには自由さを掴めないといけない。なのに一生懸命に頭で考えて太鼓に向かおうとしてしまうので、かえって腕だけとか肩だけとか、身体の部分にばかり力が入ってしまって、不必要に前傾姿勢になってしまう、そんなような感じでした。また和太鼓演奏におけるAさんの自身の身体の体感の補足としましては、X－二年の九月のインタビューの時に、X－四年の一二月を過ぎたあたりから――太鼓を始めてからで考えますと約一年三カ月を経過した頃ですね――その頃からすごく太鼓の「音に身体が乗るようになってきた」ということを話されています。「身体が乗るってこういうことか」と思ったと、「それから（太鼓の）面白さが分かってきた」といったことも語られていますので、それまで実感としてよく分からなかった身体の使い方が分かると感じられる時や、自分の身体が気持ちよく動かせていると思える時が出てくるようになっているのかなと。また、先ほど申しておりましたAさんの演奏が客観的に見て不自由に感じられたのは一枚目のバウムを描いてもらった時の様子なので、「身体が乗る」感覚はまだ体験されていないときの様子になります。インタビューと二枚目のバウムを描いてもらいましたときは、「身体が乗る」感覚が体験されるようになってよりも以降ということになりますが、客観的な様子としましても、一枚目のバウムを描いてもらったときに比べると、腕を挙げるときに肩から稼動する柔らかさが出ており、手だけではなく身体全身を使う自由さが感じられるようになってきていたように思います。

秋田　それはバウムからも臨床動作法の立場からも納得できる感じですね。

鶴　はい。ある程度。

秋田　ある程度。残りの「程度」についてはまた教えていただくことにして、濱野先生、お待たせしました。

濱野　まず、木について。二つ、最初に描いた木と何年か後に描いた木を比べてみたら、今の首根っこの部分ですけどね、あれは両方ともほぼ同じ位置なんですよ。ど真ん中でね。ど真ん中で、後のほうの木は根がわーっと広がっているようには見えないし、上は丸く閉じてるんだけれども、樹幹のところは最初の木とほぼ同じ位置、同じ大きさなんですね。だからあれはかなり彼女の本体だろうと思います。ずーっとあるのがね。だからそれがあって、そしてなんていうのかな、後半のほうの絵もね、後半のほうのまとまったように見える絵の背景に、あの根っことあの広がりがあるんだなと思って見とかないとこの人の全体像を見逃すんだろうなって感じがしますね。

秋田　そういうふうに言っていただくと、僕は【鼓動】というプロの和太鼓奏者の方のバウムも見させていただいてるんですけれども、【鼓動】のバウムは、この最初のバウムの迫力を持ちつつ「どこか」に根差しているようにみえました。

濱野　バウムって描き方に二通り僕はあると思っていて、ひとつは生命エネルギーみたいなものを表現するんですよ。それはかたちっていうよりはワーッとした、木の勢いを描く。そういうことと木のかたちを描くのと、二つあるんですね。一つめの絵は、木の勢いを描いてるんです。ちょっと残念なのは、根っこのほうはね、木の勢いになってないの、この人。根っこは止まってるんです。つまり、根っこにたくさん何かを求めて水分吸い上げようとしてるんだけれど、そこに開かれてない。上は開いてるでしょ。上は開いてるんだけど下は閉じてるんですよ。そこが課題なんだろうなって感じがする。そこはどういうふうに流れてくんだろうか、気功で言うと「大周天」と言うんですけど、気のめぐりが下のほうで止まっている。下の通りがもう少しよくなって流れていきだすと、真ん中の核、首根っこみたいに見える核の部分はもっと生きてくるなあというところがひとつ。振動を通じてだんだん通ったのかどうかわかりませんけど、後半はなんの加減か、要するに自分のかたちのほうを描かれたんですね。かたちを描くっていうことは自分と周りの人の関係の中で私はこんなかたちかなというように、地面があり草があり、その中の私っていうのを表現している。だからこの絵の背後にきっとあの根っこがあり、もっと根は広がってるかもしれないし抜けているはずです。それを見ていかないとどこかずれてくる感じが。両方とも描かれてるところがおもしろいと思うんです。だからひょっとすると最初の木にもね、後半に描いた部分もあるはずなんです。だけど、最初の木には人との関係の中でという感覚はまだあんまりなかったわけでしょう。どちらかというとワーッと開いてくほうがあって、そこが人間関係の中においても固定した関係がなかなか築けなかった、私っていう場所ができてこなかったっていう感じがある。でも根幹は一緒なんですよ。それはすごく面白い部分ですね。だから根幹はあんまり変わってない、そこは健康なところだと思います。健康なところがあって、いろんな体験をしながら広がっていく、自分ができ上がってきているっていうイメージを少し表現できるようになった。そして、そのあいだの真ん中のところで描けませんっていうときがある。これはすごいことだと思うんです。表現できないっていうタイミングがあってそして何かが変わっていく。このへんバウムのすごくおもしろいところですね。

秋田 「だいしゅうでん」と言われましたか?

濱野 大周天。大きい周天。

秋田 なるほど。それをもう少しご説明いただけるとありがたいです。

濱野 つまり生きてる私というものの存在が自分の中だけで閉じてるんじゃなくて、この宇宙のエネルギーとのつながりの中で自分が生きてるというそういう感覚ですね。そういうのびやかな身体感覚、のびやかなエネルギーの感覚。もし肩が凝るとすれば、それはたぶんエネルギーがそのあたりで止まっている。大きな宇宙的なエネルギーの循環があって、そういう世界の中に自分がスッと広がり、溶け合いながらエネルギーが循環していく。この循環の中に自分がいる。その循環の大きさが自分の身体内だけだと、これ「小周天」と言うんです。身体を越えて宇宙的に広がっていくのが「大周天」と言います。

秋田 なるほど、ありがとうございました。鶴先生のお話の続きがありましたらお願いします。

鶴 そうですね。臨床ですから、やはりこの絵を描いたときのクライエントの状態を知りたいですね。日常生活はわからなくても、和太鼓なら和太鼓の打ち様を、和太鼓をたたくときにどういう体験をしてるのかっていうのがやはりほしいですよね。そうするとバウムの解釈もまた実体のある解釈になっていくと思います。そして和太鼓を通して身体感覚っていうところを切り口にするなら、やはりあのバウムを描いた時の身体感覚も知りたいということですね。ものすごく興味深いです。

秋田 さきほどもちょっと申しましたけれども、少し小さく縮こまりすぎたかなという感じもする。と言って二枚目のバウム、最初のではさすがにこの世で生きていくのは難しいだろうなと。うまいことまとまったなとも言えるし、ちょっとまとまりすぎたかなという感じもあって。然るに【鼓動】のバウムはまとまらずに、しかししっかりと「自分」を表現されているというか。ありきたりのまとまりをみせずそれでも「木」として成り立っている。この方はプロになるわけではないし、芸術家ではないからこのぐらいのほうが生きやすいのかなと思う反面、もう一息エネルギーの豊かさみたいなものが表現できたらいいのかなと思ったり。最初の絵からすると少しエネルギーの点で物足りなさすぎる。それは線のなかに、鶴先生が言われたように、そのときの状況というのがありますからバウムだけを見てね、何か決めるというのは無理ですけれども。自然の中に溶け込んでいる姿としてはいいんだけれども、自分を十全に表現している姿としてはもう一つ物足りないというか残念な部分もあるのかもしれない感じは少しします。

鶴　そのときが今としたら、今からですよね。バウムを描いた時点が今としたら、今から、やはり悪いほうにいかなくていいほうに成長しそうっていう感じはしますね。

秋田　なるほど。その感じが大事ですね。いいほうに成長するんだという。……で、鶴先生が「心身一如」という言葉を使われましたけれども、遍路で心身一如という場合には、普通は「心」「身」と書くんですよね。それが逆転する……

北村　いえ、あれはですね、そういうわけではなくて。秋田先生が今おっしゃっているのは以前にこちらで講義の機会をいただいた折に私がお話しさせていただいたことなんですけど。その時に私が言ったのは「心身一如」っていう日本の伝統の考え方があるんですけれども、昔は逆だったんです。「心」が後で、先に「身」がきていた。それがあるところ、たぶん江戸時代ぐらいだと思うんですけど、ちょっと武道の伝統とかそのへんのことでだんだん心のほうが……

秋田　禅の影響？

北村　はい、禅の影響とかもあっておそらく江戸時代あたりから漢字が逆に、「身」のほうが後になって、「心」が前にでてきて「心身一如」になったということで、遍路では特に関係ないです。

秋田　歩き遍路ではやっぱり身が先にきたほうがしっくりくるかなという感じがするんですけれども、やってておられる北村先生としてはいかがでしょうか。

北村　歩きの過程として、やっぱり、もう、とにかく身体を使うことが先に立つので、どうしても身が先にならざるを得ないですね。あとから心のほうがだんだん……身体がまず変わっていくことで心がついていくというか、そんな感はあります。

秋田　それはひょっとしたら、和太鼓でも臨床動作法でも気功でも同じように言えるのでしょうか。まず清源先生から。

清源　はい。和太鼓演奏でも身体を動かすというところに意識がいく感じは強いと思うのですけれど、心と身体はやっぱりくっついているように感じます。

秋田　それは清源先生が最後のほうで言われていた、心と身体を結びつけるもの。それを河合隼雄先生は、心と身体を結びつけるものとしての「たましい」という言い方をされていて、心身医学ではそこに目を向けないといけないという言われ方をされていたと思うんですけれども、そのような感覚というのは和太鼓ではいかがでしょうか。

清源　和太鼓の熟練の演奏者の方の語りを聴いていると、聴いていてものすごく気持ちが良いというのがあるのですが。歌っているわけではないのですけれど、語っているのに歌っているようというか。それは、その方たちが、心と共に身体で表現をするということを……心を体現すると言ってもよいかもしれないですが、とにかく心と身体を一体にして表現するということを重ね続けてきたからこそだと思うのですが。表現としての太鼓の音は、心を込めないと良い音ではないと言われていて、その表現は身体の状態までもが音に反映されると感じられている。それほど心と身体は表現において密接で同時に存在しているものと感じられている。そんな身体も含めた自身の存在が音としてそこに在らしめられるような表現を重ねていることもあって、演奏者の方からは、「心」についても「身体」についてもかなり言及されます。そして、「心」と「身体」はどちらも大切で、どちらかだけでは表現が成立しないという関係のものとして、一体のものとして語られます。そのような演奏者の方が語る様であったり、語られた内容であったりに触れていると、自分自身の体験を振り返ってみてもそうなのですけれど、本当の表現としての和太鼓演奏というのは、心と身体を上手に連動させて行うものというよりは、そもそもの一体になっているところの感覚が機能して為されるものではないかと思います。心があって、身体があって、それを何かが結びつけているというよりは、もともと心と身体が一体の部分がちゃんとそれぞれの中にある。その一体の部分が機能すると、自分で納得のいく音が出たりするし、反対に自分で納得のいく音を出そうと表現の模索を重ねていると、自然にそこの部分が息を吹き返していくというか、感覚が取り戻されていくというか、そんな感じがします。

秋田 なるほど。心の深いところにたましいがあって身体の深いところにもまたたましいがあって、それをそれぞれ「魂」と呼び「魄」と呼ぶ、「魂魄（こんぱく）」という言い方があるけれども、その魂と魄が一体になった、そんな感じでしょうか。魂魄が活性化されていかないといけない。その一ツールが和太鼓であるという感じでしょうか。

清源 そのように感じます。

秋田 ありがとうございます。それでは心身一如に戻りまして鶴先生に。

鶴 動作法では、主体という概念を使って、心身一如といわれている現象を考えています。つまり、一人の人間が生まれてきて、生きる活動をしているわけですね。呼吸をする、お乳を吸う、お乳を吸っていうのはいわゆる自分を生かす栄養のもとを摂るっていう、そういう生きる活動をしています。生きる活動をしているその活動主（ぬし）を主体と呼んでいます。主体といわないで、我（われ）でもいいんですよ。我が生きる活動をしている。その我は、自分のからだなしには生きる活動はできない。からだというものがないと我は存在しないわけですね。ただ、そのからだは、誰のものでもない自分としてのからだなので、身体といわずに「からだ」あるいは「自体（自分の体）」と呼んでいます。そのからだでもって我は生きる活動をしているので、それは、生命活動態としては一体のものといえます。その我の活動を、心という概念の側面から見れば心の活動ということになり、からだという概念から見れば、からだの活動となるということです。からだというときは、ただ肉体という意味ではなくて、動き感じるからだを意味します。今、私は話すという活動をしてるわけですね。どういう話をしようかなとか考えているのは、いわゆる意識的な活動です。そういう側面と同時に、それを話すために、私は手を動かしたりマイクを強く握りしめたりしています。そうした動作を同時にしている。話すという活動をするに際して、意識的な活動と無意識的な動作活動を同時にしているわけです。心身というとき、それはひとつの活動をどの側面からみるかっていうことですから、後先というのはなくて、同時的であり一体的であるというふうに考えているのが動作法ということになります。

秋田　なるほど。それでは、濱野先生お願いします。

濱野　鶴先生がおっしゃってくださったこと、その通りで、僕も同じような感じだと思います。心身一如っていう言葉は、心と身よりも一如に重きがあるんですね。もともと心や身体は概念なので。さっき赤ちゃんの命の活動っておっしゃられたけど、生きる活動、命っていうことで言うと、心も身体も別に区別はないんですよね。生命現象としてあると思うんですが、生命現象として、生きている現象としてあって、その生命現象を生きていくなかで、人はそこに意識を作り上げたんですね。その意識が自分を振り返り、自分の体験までも題材のひとつにして語るようになってしまったので、何か意識が独立した心として身体から別にあるみたいなんだけれども、そうじゃなくて、元は同じ一つの現象だったんだろう。そういう点がひとつあります。そしてその中で、気功で言うと、さっきお話ししたのは「後天の気」と「先天の気」という言い方をしたわけですけれど、先天の気っていう部分はまさにこの生命現象なんです。命の現象としてあって、その命の現象としての人間が自分っていう意識を持ち始めて、そうして自分をもコントロールしていく。私は自分で自分の人生を作っていくんだっていう気概をもって動いていく、これが後天の気なんですね。本当は先天の気、もって生まれた生命が勝手に動いているだけなんだけれどもそれを自分で動かしてる感じに後天の気はなっていく。そういったときに、もう一度、実はそうやって自分が動かしてると思ってるこの一声や一歩が大きな生命全体、先天の気の全体の一部なんだと。一部でもありながら、でもそういうふうに一歩踏み出すことによって先天の気そのものも少し活性化し、そのままではなく、それをもういっぺん自覚して自分のものとして動き始めるということがある。心身一如は当然として、その一如としての心身を自分自身の生命現象として捉え、自分のものとして生きるというところにもうひとつの心の動きみたいなものがあって。それはひょっとしたら鶴先生のいう主体っていうこととも繋がってくるかもしれません。主体ということでいうと、僕は主体・主とかいうふうな言葉をものすごく大事な言葉だと思っていて、気功的な観点で言うと「主」っていう言葉のいちばん上の点を取ったら「王」なんですね。人の感覚は王なんです。その天と地と人がつながって一本の柱になっているっていうイメージが気功的だなと。天地と人がつながるっていうのが先天の気と後天の気がつながるということ、それが私として生きているという感覚で、私もそういうたくさんの王の中の一人ですという意味で、「王」という文字のてっぺんに点がつくと主になる。そういう身体と心の動きっていうときに、動作法は、身体や人の動作が、人の活動としてあまり勝手に自由にできないものとしてあって、そこに自分がどう主体的に関与するか、自分の身体の動きを自覚するとか気づくとか、身体から気づかされるとか、そのあたりをずっとやっておられるんじゃないかなというふうに思うんです。気功の中にはですね、「自発動」というのがあるんです。自発動は自分で動かすんじゃなくて勝手に動くと一応言うんですね。勝手に動く。瞑想状態が深まり、気功の状態が深まっていくと、自分の内側の元気が動き始めるので、それに合わせて身体をずーっと自然に動かしておくと、全体のバランスが調整されていく。自発動って一時すごく流行ったことがあるんです。そういうものとか、それから日本の野口整体では「活元運動」っていうんですね。それは自分の内側から自然に動くものです。それを大事にして、その動きに身を任せていくことが、その人自身の本体に気づいていくことであったり、いろんな病を癒していく力を発現させるものであるという発想を持っているんですけど、そういうのは動作法から見ると、あるいは鶴先生はどんなふうに思われているかお聴きしたいです。

鶴　あのですね、つまりクライエントが来て動作法をしようってことになってからだに目を向けると、思うように動かせない自分のからだっていうのがあるわけですね。それを私たちは思うように生きられない自分というふうに置き換えて解釈します。だけども、クライエントはそんなことはあまり意識していなくて、思うように動かせない私のからだがあると。それはもっと具体的に言えば、肩こりだったり腰痛だったり背中がかたいとか、歩くときにからだが重いとかいうことなんですけど、「じゃあその思うように動かせないからだをあなたが思うように動かせるようにしましょうね、そうするとノイローゼも少し楽になるでしょうね」っていうかたちでもっていくわけですね。そして、そのセラピー場面で、前回よりは今日のほうが少し思うように動かせたということが重なっていくわけです。そうするとクライエントは、例えばそれまでは気分が塞いでて家事をするのも億劫だったっていう人が、最近は自然に家事ができてますっていうふうになるんですね。それが先生のそれにつながると思うんですよ。だからそれは、私は無意識活動が自分の中で調和的に活性化していってるというふうに置き換えて考えています。だから私の主体的活動は、いわゆる意識できる意識的な活動に支えられると同時に、意識できない無意識的な活動に支えられ、意識的活動で体得したものは今度は無意識活動で行えるようになる。それは字を書くとか歩くとかしゃべるとか、私たちが英語でしゃべるときはえらい意識しますけど、日本語でしゃべるときは口の動かし方なんか何も意識しないわけですね。だからそういうふうに無意識化されていくっていうことも大事。それがクライエントの言葉によれば、自然にできるようになったっていうことではないかと思います。

秋田　その無意識的にできるようになるっていうのは、僕は臨床では、特にあわただしい精神科臨床の中では、職場に行けない人とかに、うつであっても適応障害であっても、バカの一つ覚えみたいに言っています。何とか頑張って行こうとしているが行けない。行くことがなんとか身につくまで。そしたら楽になるからと。そこまではしんどいだろうけれども、必ず身についていくからという言い方をします。効果がある感じがします。それと、濱野先生の言われた「元気」というのは、「元気があっていいな」というのとはちょっと違って「気の元」みたいな感じですか？

濱野　そうです。もともと持っている気ですね。そういうことになるんですけど。まあ、それはそれとして、いいですか？　鶴先生のおっしゃられた「自然」、すごくおもしろいと思ったのと、自発動というのもかなり自動運動みたいな感じなんですね。勝手に動くっていうよりも、自然に滑らかに動くっていうものに対して、自分がうまく乗っかれるかどうか、そこにちょっと意識が入ると、例えば自然に動かしてるつもりで、なんかこう踊るような動作に勝手になってくるんです。ふっと自覚すると恥ずかしいなと思ったりして、動きがおかしくなるんですよ。そういうときもういっぺんこの自分の中心に戻るとこれが自然なんですね。中心に戻るっていうのは自動運動化していくところにちょっと戻っていくんですけど。そういう、頭でコントロールするわけじゃないけど、動いてることにうまく乗っかるという動きであって、これは例えば遍路だったらね、まさに歩くというのは自分で歩いてるんだけど、ある意味で歩かされていて、自然に歩いているということが、ある地域とある場所の中にめぐっていて、自動化している。そういうふうなことが、気功でいうと自発動の大切さ、動作法でいうと自然に動くことの大切さと何か共通したものがあるんでしょうね。太鼓の話でも、インタビューの中で出てきたひとつの次元として、手足が全部一体化する、コーディネートされて動いていく感覚。叩いてなんとかしようっていうんじゃなく、何か自然に動いて音ができ上がる、ああいうのも自発動だと思うんですね。そういう自発動的な動きが、どこか……心ってちょっとやっぱり突出して先走りするので、その心が気功的にいうと先天の気というか、もともとあるものに戻っていってピタッと合わさってくる。そういうふうなことをしながら、自分自身という存在が無理なく動けるものを探し求めてるという感じがすごくするので、そのあたりが全体に共通していることとしてあるんだろうなと、今聞いていて思いました。

秋田　どうもありがとうございました。「心は先走りする傾向がある」。これも名言。これは濱野先生の言葉でしょうか、それとも「気」一般について言われていることでしょうか。

濱野　今の表現は僕の口走りですけれども。だけど、心っていうのは「心猿意馬（しんえんいば）」といって、心は猿のように意識は馬のように動いてしまうと。これは中国の伝統的な言葉遣いで、お猿さんは周りをキョロキョロ見て、気に入ったらすっと近づいて手にしたり、うろちょろと動き回るのが日常の心。それに対して気になったものにすっと近づいていくのではなく、自分はここにいて、ものを受け止めるような見方ができないかっていうのが一つの大事な視点ですよね。それは心が先走らないで、心が体験とつながってものを見るというような。

秋田　どうもありがとうございました。ほかにいかがでしょうか。

濱野　せっかく鶴先生に来ていただいているので、ぜひちょっとお聞きしたいと思ったのは足の裏のことです。足裏への体重のいきかたにはいろいろあるというのは、さっき触れた野口整体では「体癖」、身体の癖っていうのを議論しています。体癖っていうのは前のめりの人とか後ろに体重がある人とか、そういうのであって。それを測るのに野口整体の中では体重計を四つおいて、そこに足のっけてみると、どこに重みがかかっているかそれによって体癖を分析する。そういうふうなことやっているんですね。その辺の体重の載り方ということと性格のありかたとの関連とか、ああいうふうな議論について、どう思われますか。

鶴　パーソナリティという意味での性格と体重の載り方の関係は、分からないですね。そういう関係性は、まだ、研究したことはないです。ただ、いわゆる前のめりの人は、前のめりであるがゆえに足底の前面に体重がかかっていて、かかとにあんまり乗っていないわけですね。近代人になるほどかかとに体重がかからなくなってきているという足の研究もあります。臨床的にいうと、相談に来る人はやはり前のめりの姿勢が多いですね。いわゆる前のめりの姿勢は、首、背、腰、膝、足首のところが、なにがしか屈になっているわけです。すらーっと立っている姿勢とは対照的ですね。前に屈めた姿勢は、うつ気分や自信のなさ、防衛の強さ等々の現れとみていきます。臨床動作法では、前のめりの姿勢の人がちゃんとかかとにも乗って、真っ直ぐに立てるように、動作の援助をしていきます。真っ直ぐに立てるようになったとき、自分が大地に対してしっかり立っているという体験を実感します。不登校の中学生の例なんですけど、こういうふうに立てるようになったときに、「自分は基盤ができたからもう大丈夫」と言うのですよ。もう本当に、ビックリするようなことを、からだの体感を通して言葉として彼らが出してくる面白さがあります。臨床動作法では、足の裏と大地との関係、からだと大地との関係を非常に重要視しています。太鼓叩くときも踏ん張るでしょ。ひとは、大地との関係なくして何事も起こせないと考えています。話はちょっと飛びますけど、第二章の表2（本書六〇頁）で、例えば第四ポジションですが、運動感覚がカッコになっていますね。そんなことありえないと思うのですよ。歌を歌う人が、そのいわゆる運動感覚が、このカッコでくるような感覚では歌が歌えないと思うのですよ。大地にしっかり、たとえば、楽器の演奏の場合、椅子に座ってちゃんと足で踏ん張ってるからこそ、楽器が操れるわけですね。足を宙に浮かせて弾いてくださいっていったらとても弾けないと思うんですね。だから私はこういう概念にとらわれないで……せっかく第五ポジションを考えられたのだから。第五ポジションを作られたっていうのはいいと思います。

秋田　さて、次にお接待。われわれは、心理臨床を通してお接待しているようなつもりでいるけれども、すごい心がこもっていて、それで、もう、もらったほうは本当に涙が自然と出てくるようなそういうあり方。本当のお接待。そうするとどのような療法であってもやっぱり根っこには「お接待」がないといけない。そこで、和太鼓におけるお接待、臨床動作法におけるお接待、気功におけるお接待という観点から少し考えてみたいです。濱野先生からいかがでしょうか。

濱野　気功におけるお接待といっていいのかどうか、気功するとき「気の場を整える」ということを言います。気の場が整っていく。一人でするときは、周りの環境と自分が整っていくというか、合わさっていくようなことをするわけです。みんなでするときには、みんなの気持ちがスーッと動いて流れてるなっていう、気の場の感覚みたいなものが生まれるんです。気場が整っている場所では一人でするよりもはるかに心地良い体験が生じてくる。これはやはり、人と一緒にするからいいんだなとすごく感じますね。それはまさにお接待の感覚かな。それはたぶん、人のためにしてるんじゃなくて、その場にいる自分がそこで心地良く過ごすにはどうするといいか。それを最大限工夫していると、どうもほかの人にも役立つらしいっていうことはあるんですね。それが気功のひとつの接待ではあると思いますね。

秋田　ありがとうございます。それでは鶴先生、お願いします。

鶴　クライエントでなくても私たちも人に気を遣ったり、なんか非常に悩ましいことが続くと肩に力が入って肩凝りますよね。そのときに、一人でする動作法っていうのがいろいろあって、例えばこういうことをするわけです。肩を少し後ろに引いて、後ろに引いた状態で上に上げていくわけです。そうです。真上に上げていきます。そうすると肩こりがある人は肩こりに響いて、効いている感じがするでしょう。そのまま、その自体感を感じていると、凝りが少し和らぐのが分かります。そうすると、さらに肩をもう少し上に上げていきます。すると、また、まだ残っている凝りに対面します。同じやり方で凝りの慢性的筋緊張を弛めていきます。さらに肩を上げていきたいのですが、後ろに引いた肩が前のほうに戻ってきていますので、肩を後ろに引きましょう。そして上げていきましょう。そしてそこで止めておいてくださいね。さあー、左だけ上げようと思ったらもうちょっと挙がりますよ。上がりましたね。そうしたら、右だけをもう少し上げましょう。ああ、肩こりに効いてるって感じられますか。さあー、これから、肩の力をゆっくり抜きながら、ゆっくりと下ろしていきましょう。ゆっくり肩の力を抜きながら下ろしていきますね。すっかり肩の力が抜けましたか。肩は、楽になりましたでしょうか。「さあー」などの、動作をしている人にとって役に立つ声掛けはお接待ですけど、声掛けだけでは、もうひとつ援助になっていないということがあります。今の肩上げですけど、肩を後ろにやったまま上げようというときになかなか上げにくくて、つい肩が前に戻ってしまった人いませんか。こういうふうに肩を後ろにやって、そのまま上げるのですけど、上げているときにどうしても肩が前にこう戻ってしまう。自分一人では、どうにも難しいというとき、後ろから自分の両肩を持ってくれて、ちゃんと後ろに保持できるように援助してくれる人がいるとしたら、その援助は、まさにお接待ですね。そうしたお接待を受けて、思うように肩を動かせたとき、やはり人の手があるといいなー、助かるなーと思いますよね。

秋田　私、医者ですから、ここはちょっと身体接触したほうがいいなと思うときには、別に脈みる必要はないんだけれども、脈をとるんですね。そしたら少し患者さんが安心する。通じ合う感覚。今の心理臨床の在り方は身体ということについて少し遠慮しすぎている面があるのかもしれないですね。これからの大きな課題だとは思いますけれども。次に清源先生、和太鼓におけるお接待。

清源　和太鼓のお接待は、何通りか出てくるように思えます。まず、和太鼓の演奏には打ち手と聴き手がいるのを考えると、打ち手が太鼓を打つこと自体が聴き手に対するお接待と取れるかと思います。太鼓を打ってもらうことで聴き手が得るものは、雨乞いであったり虫祓いであったり、無病息災への願いであったり、太鼓によって様々なわけですけれど。けれど、反対に、ある打ち手の方が、お客さんの拍手や声援からパワーをもらっているのはむしろ自分たちのほうだと感じると語られていたことがありまして、何を得ていると見るかによって、むしろ聴き手が打ち手をお接待していると取れるようにも思います。お遍路でも、巡礼という行為を遂行している人と、自身は巡礼せずにお接待をしている人の関係を考えると、太鼓を打つことの遂行を見守っている聴き手の方がお接待していると取るほうがしっくりくるような感じもします。巡礼したり太鼓を叩いたりするわけではないけれど、そこに想いを重ねることでその行為に関わらせてもらうと捉えるとかなり近いところもあるのかもしれません。それから打ち手同士でも考えてみることができるかと思います。和太鼓の演奏形態は、用いられる太鼓の数と種類から形態分類がされておりまして、様々な形態があるのですが、一種一箇の太鼓を一人で演奏するという形態はほとんど見られないのですね。演目では大太鼓のソロというのもありますが、ソロの時も裏で地を打っている人というのが居る。和太鼓演奏の枠を越えて、民俗芸能のほうまで見ていきますと、太鼓打ちが一人のものも見られますが、笛や鐘や舞なんかに合わせて演奏しているので、やはり単独で演奏しているのとは異なると思われます。和太鼓演奏者の方に話を聞いていると、練習の時などに一人で音を出すことはあっても「誰かと一緒に音を出すのが楽しい」という声のほうを圧倒的によく耳にしますので、打ち手からしても、他者と一緒に音を出すということは、和太鼓演奏の大きな魅力の一つなのだと思うのですが、誰かと一緒に音を出す場合、太鼓はどちらもリズムなのですけれど、表と裏がある。表が一応主旋で、裏がベースになるのですが、このとき、どちらがどちらのお接待をしているのかは難しいところですが、裏は表が打ち始める前からリズムを刻んで、一定のリズムを途切れさせずに打ち続けなければならないということがある。裏の人というのは、演奏の際は聞き手からは姿も見えないところで打っているというようなことも少なくないのですけれど、その裏のリズムがあることによって、表の人は自分の音を失わずにすむということがあるのですね。ベースの音があることから、速さやリズムを失わなくて済むというのも一つ大きいのですが、「気力が途切れそうなときに支えられる」ということも語られます。なので、打ち手同士の中でも、裏から表へのお接待というのがあるかと思います。裏表なく全員が同じリズムを打つような場合や、聞き手に対する打ち手の体験として考えると、打ち手は聴き手に対して共に同じ一つの音を奏でる者同士の関係になるので、表裏の役割に関係なく、打ち手同士が支え合っていると言う意味でお接待し合っていると取ることもできるかと思います。いろいろな捉え方ができるかと思いますが、和太鼓は音なので、直接身体で身体に触れるという体験ではない、音によって共に包まれる体験であるからこそもたらされ得る独特のお接待があるのかなとも思っておりまして。どちらがどちらに与えたのかよく分からないけれど、その時、その場を確かに共有したという……とにかくその時共にそこに在ってくれたことに感謝したくなるような体験、そんな単独では決してできない、双方が存在し、身体全体の感覚を総動員して感じ合うことでもたらされる、お互いの存在の確認のような体験。そのような体験が和太鼓演奏にはあって、それは和太鼓演奏における最も尊いお接待の一つであるのかなと思いました。

秋田　お接待本家の、遍路のお接待ですけれども、それは自然と成り立っていったわけで、ルールとして決まったわけではないんだろうけれども、自然とそういうことが成立している。

北村　お接待を期待してしまうのはそれもやっぱり人間ですので、特に歩きがきつければきついほど、なんかそろそろないかな……とつい期待してしまうことは、どなたにもあるとは思います。でも、先生方のお接待というところを聴かせていただいて私自身が思ったことは、やっぱり気であっても和太鼓であっても、もちろん動作法であってもですけれども、たとえ和太鼓で反発をしあうことがあったとしても、お接待の本当にいちばん大切なところっていうのは、相手の存在を本当にリスペクトしている、そこだと思うんですね。だからそれさえあれば、見かけはちょっと反発してあったとしてもそれはもうただの反発ではなくて、相手を尊重したうえで出てくるものということで、それは（一見反発に見えても、実のところ心に届く部分では）まったく気にならないいんじゃないかな、というふうには思います。えーと何が言いたかったんだっけ……。

秋田　ありがとうございました。その本当のリスペクトというところがまたなかなか難しい。ここ（京都文教大学）は法然の学校ですけれども、南無阿弥陀仏を一生懸命唱えなさいという。親鸞にいたっては一回でいいと。だけれども、『歎異抄』を読むとね、心より一回唱えるだけでいいと書いてあるんですね。心よりと。それが難しいところです。本当のリスペクトということにつながる。

北村　すみません、ひとつつけ加えたいのが……たとえ真のリスペクトで自発動でお接待をすることができたとしても、やっぱり相手の側がそれを受け取る身体というか、受け取れる。その受け手のそこの準備っていうのがないとまったくそういうことにはならないので。私自身は臨床を今やっていく中で、ちょっとここ五年ぐらい前からですかね、こちらはあそこまでのお接待心っていうのはきっと本当には発揮はできていないんですけれど、それに近いものをすごく意識してやっているつもりではあるんですが、クライエントさんの側がなかなか受け取ってくださり難いのかな、という人が増えてきたなっていう印象があるんです。それでやっぱり相手の方に受け取っていただけるような臨床っていうものがこれからとても大事になってくるように思うので、それを今日は濱野先生だったり鶴先生にぜひうかがいたいんですけれども。

鶴　臨床動作法を行っていて、私どもが気がついてきたことは、こちらの臨床援助を、相手が選択的に受け取っていくということです。それは、今、この瞬間になされている援助の全体ではなくて、そのなかの自分にとって必要な援助を、無意識的ではあるが自発的に選び取っていくということです。たとえば、肩上げ動作の時に、私がクライエントの両肩を持って、クライエント自身が両肩を上げていくことで両肩の慢性緊張を自己弛緩させていくことを目指して、動作援助をしているとします。クライエントが援助を受け取りそれを活用して動作をしている様子を観察し、また一方で、手に伝わってくるクライエントの動作を感知していると、クライエントの動作体験が感じられてきます。初めは、両肩に留意して両肩を上げるという動作をしていっているのですが、そのうち、右肩に気持ちがいき右肩のかたさを弛めたいという気持ちになり、そちらを重点的に動かし弛めようとしていることが伝わってきます。しかし、クライエントの意識としては、両肩上げを努力していて、右肩を自分が選択しているのに気がついていないことがほとんどですが。そうしたとき、クライエントは必要性があって右肩を選択していると理解し、その選択にそって援助していきます。時には、クライエントは、左肩もう自分はいい、右肩をしたいんだと思っていても、援助者からは両肩上げ動作が要請されているので、援助者には、両肩とも一生懸命やってますよっていうようにふるまって、本人の中ではもう右肩だけ一生懸命やってるというようなこともありますね。それに援助者が気がつくことが重要です。右肩と左肩との違いならば、まだ、気がつきやすいのですが、右肩の肩胛骨脇の奥のほうが気になっているということもあります。クライエントが自ら何かを選び取ろうとしているのは、自身の変化にとって必要だからであるという理解に立っています。クライエントが主体的にこう選択しているとき、それを私たちがこの人にとって必要なのはこれなんだということがわかればわかるほどいい援助ができます。ですから、クライエントの選択を感知する動作法の腕を磨いていかねばなりません。腕を磨くためにも、クライエントが主体的に選択しているもの、言っているものは何かということに気をつけようとしてますね。

濱野　実は同じようなことを言おうと思ってたところだったんです。つまり、お接待する場合はポーンと投げ捨てるようにというのは、投げ捨てるようにしたら通じるというものではなくて、投げ捨てるようにしていても通じる、あの人はちゃんと通じたっていうところがすごく大きいっていうところがあって。今、鶴先生がおっしゃったことと別の言い方になるのかもしれませんけど、僕の表現でいうと一人称性なんです。一人称性が活きているかどうか。一人称性というのはこの人が生きているかどうかなので、それにこちらが対応できているのか。僕らの仕事は一対一の関係でのカウンセリングですから、二人称的なことをやってる。つまりお接待する、されるというふうに思ってるわけですけど、そもそも一人称が活きていなかったら二人称が出てこないですね。二人称から一人称に行くのではなく、一人称が活きているかどうかをしっかりみていくことから、関係がつむがれる可能性が生まれてくるんですね。こちらがいくら言ってもっていうのもあるし、届かないって思うこともある。でもそれは一人称をちゃんと扱ってないからではないか。相手の一人称。相手の一人称を扱うということは自分の一人称をしっかり扱えなくてはならない。そういうことがあって、それぞれ、この人は自分とは違う人間として生きていて、それぞれの道があるんだなというところを動作でいくと、今先生がおっしゃったようなところでやっておられるんでしょうし、僕は言葉の中で一生懸命それをやってるんですね。クライエントからみて自分の一人称的な体験にまなざしを向けている人がいる、というふうに受け止めてもらえるようになると、はじめてそれが生きてくる。それなしにどうですかってやってると届かない。僕らはちょっと誤解してて、二人称的体験から相手に影響を及ぼすと思っているんですね。そうじゃないというふうに思いますね。

鶴　だからそのことを、私どもは自己治療って呼んでるんですよ。で、今日もまさしく自己治療の世界ですよ。

秋田　ありがとうございます。

鶴　いや、本当に。それぞれが自己治療の世界を非常に重要視しているやり方だと思います。でも、一般的なカウンセリングでも、よくよく考えたら自己治療ですよね。カウンセラーと話してるんだけど、私がクライエントだとしたら、カウンセラーと合わせながら話している一方で、また自分と対話してるわけですよね。

秋田　そのあたりがやはり、日本の心理療法シリーズですので、ちょっと最後のほうでまとめるのにふさわしいことを言ってくださったかもわかりませんけれども、実はそのクライエントさんが自力でやってるんだ、自己治療をやってるんだという意識をわれわれは感じ取れる。西洋はやはり相互関係というか、セラピストのより積極的な関与が必要な間柄になりやすい。そういう差はあるのかもしれないということは言えるように思います。

濱野　大筋そうだと思うんですけれども、でもやっぱりアメリカとかも頑張ってて。

秋田　マインドフルネスですね。

濱野　そう、マインドフルネスはまさに一人称性抜きにしてはセラピーはだめだということに気づいたんだと思うんですね。それを残念ながら三人称的にやってる感じはするんだけど、でもやはりマインドフルネスを出したことはすごく大きい進化だと思いますね。それから、フォーカシングのジェンドリンがね、ロルファーでもあって、ボディ・オリエンティドな心理療法をしているドン・ジョンソンと、二人で全世界的にメッセージとして一人称性科学の提唱をしているんです。それは是非僕らが学ぶ必要性がある。彼らは自分たちのやってることの中の抜けてる部分にちゃんと目を向けて、それを議論するためには三人称的な科学でみんな進んでいるので、一人称の問題は、これを科学としてちゃんと扱う土壌を作っていかないと、いつまでたっても周辺にしかならないと。こういうのはひとつのこの心理療法だけに限らず、さまざまな領域での新しい科学としてちゃんとあるんですよ、ということを言いましょうってやっているんです。この辺は日本にないので、これは是非学んでいったほうがいいし、むしろ逆輸入していくといいのかもしれない。日本にはもともとオリジナルにそういう視点があたりまえのようにあったものを、もういっぺん自覚しなおしてやらんといかんという感じはあります。

秋田　認知行動療法がだんだん森田療法に近づいてきているという実感はすごくあって、森田正馬が天才的にあいうの作ってしまった。で、徐々に徐々に、しかし意識の波を経てだんだんと、森田療法に近づいてきてる。それともうひとつ僕がちょっと感じるのは、ユング派の経験からいうと、箱庭療法が日本では非常に盛んだけれども、箱庭療法というのはまさしくクライエントさんが自分で作って、セラピストは見ているだけという。それがなぜ西洋では日本ほどには浸透しないのかというと、どこかに西洋人のセラピスト側の不安があるんじゃないのと僕は思うんですね。何もやってないんじゃないかという。ある方向に導くとかいうようなことをしないといけないという思い込みというか、セラピストとしてきちっとやってるように、クライエントさんに思ってもらえないと不安。で、われわれだったらなんとなくやれてる感じが大切にされる。河合先生の言葉で言うと、「おお、いっとる、いっとる」という感じ。そのぐらいの感じでやっているのをクライエントさんも納得してくださる。そのあたりはちょっと西洋人が苦手なのかなという感じはするんですけれども、そのあたりはどうでしょう。

鶴　ある意味、文化の違いっていいますか、向こうだとやっぱり言葉に出してちゃんと相手に言うという世界がありますね。言葉に出して相手にちゃんと言って、言葉でちゃんと聞かないといけない。そういうふうにやり取りするコミュニケーションの世界があると思うんですね。だけど、日本だと言語に置き換えないでコミュニケーションするっていう世界がある。そして、その固有の文化に支えられた心理療法の発達があると思います。それと、今日思ったのは、いわゆる洞察ですね、言葉でいう洞察を誰も強調してないですよね。動作法の治療仮説には洞察はないんです。ただ、セラピー過程で、洞察と言われていることを語るクライエントはたくさんいる。洞察を語ったときには、すでに日常生活が変わっているという現象が多くみられているので、その仮説を仲間で検証しているところなんです。今日も洞察という言葉が聞かれなかったのはおもしろいなって思います。

濱野　たぶんね、我々の感覚でいうと自然に対するつき合い方の違いみたいなのがあるんだと思うんですよ。この自然的なものを、自然っていうか自分でコントロールできないような大きなものにぶつかったときに、それを自分でしっかり解決でき、コントロールできる世界を作ろうという動きと、そこに馴染む部分と解決できる部分と、まあ妥協しようっていう、そういう部分との違いみたいなものがあって。やっぱり解決をちゃんとするというのは西欧的な文脈の中で相当あるので、それを言葉にし、こういうことでしたって洞察をするという作業は、ある部分を区切るわけですね。世界を区切り取ってここはこうなんですと。そうして自分の知らない、もっと周辺の自然をちょっと脇に置くわけ。なんだけど、そういう脇に置くことのできると思ってる自然は実は置くことができないもので、それとつながって自分たちが生きているわけだから、その中での私というのは、洞察じゃなくて、そこにどう開かれている自分に気づいていくか、体験してくかというほうが強い、というのがたぶんあるかな。そのへんがあんまり洞察とは言わないし、結果的に言う場合もあれば言わない場合もあるということにつながってくるんでしょうね。

秋田　洞察という言葉でいくと、私は、日本人に二年半分析を受けて、向こうでまた二年半受けたんですけれども、日本での分析家は河合隼雄だったんですけれども、本当に何も言わない。そうするとどれだけこちらがしんどいか。ここまで日本のそのよさが強調されすぎたところもあるから、反面を言っておきたいと思いますけれども。クライエントが自分でやっていくのを見守ると言えば言葉としてはいいけれども、やらされるほうにとったらたまったもんじゃない。何も言ってもらえないというのは。聞けば応えてはくれるんですけれども、それ以外は「はあ」とか「ああ、そうですか」、そんなことしか言ってくださらない。そうするとね、自力でやらざるを得ない。それがものすごい大変です。ところが、西洋に行ったらちゃんと解釈を加えてくれる。これのありがたいこと。解釈が本当にぴったりくる場合もあるし、ぴったりこない場合もあるけれども、とりあえず楽です。言葉でもってちゃんと、その時その時の状況を返してもらえるというのは。だからそのあたり、両方の良さを知りつつ、さて日本人としてどうやっていくか。時間となりましたけれども、フロアの方でご意見がいただけましたら。

聴講者　今日は諸先生方、お話ありがとうございます。いろいろ勉強になりました。せっかくの機会ですので、それぞれちょっと、お一人ずつ質問したいと思いますが。まずは濱野先生。「気」ということですが、いわゆる人間の動作とかをつかさどってる五感ですね、それプラスアルファ、つまり第六感、これはどうですか。鶴先生には、臨床動作法はいわゆるスポーツ医学に相通じる分野とよく似てますが、例えば日本舞踊なんかの場合は、そこの家元のところで育った小さいお子さんが、見ず知らずの間に立ち居振る舞いとか、いろいろ見よう見まねで覚えて育っていく。そして六歳の六月から修業を始める。それぐらいから始めた場合の育ち方と、環境っていうのが大きな要素になってくると思います。その点についてのコメントをお願いします。それから北村先生には、お遍路さん同士の同行っていうことと、個人の「個」、孤独の「孤」、それから自己の「己」、それをどのように解釈されているのかっていうことと、孤独でいられるちから「孤独力」。これね、孤独力っていうのは、よく最近孤独死とかね、いろいろそういうような問題がたくさん出てておりますが、孤独力を発揮すればかえってそれは非常にまずい結果になるんではないかと。あくまでこれはちょっと具合が悪いんじゃないかと思います。その点についての質問です。それから清源先生には、いわゆる和太鼓の演奏、確かにね皮膚で聴くっていう感覚よりも、これはねやはり身体で聴くと。あのね、これ以前、松下電器がまだパナソニックになってないときにテクニクスっていう音響楽器のステレオの装置があったんですが、それの演奏のキャッチコピーでね、「身体で聴くステレオ」と、こういうようなキャッチコピーがあったんですね。ですからね、皮膚、確かに身体を全部覆ってますよ。でもあくまでそれは平面的なものと解釈しますので、やはり立体でっていいますか、このごろ流行の３Ｄの場合、いわゆる奥行きということも考えたら身体で聴く、腹の底で聴くというような表現がいいんじゃないかと思います。そういうようなことで、その点についてのコメントをお願いいたします。

濱野　第六感ですね。まあ五感というのも、嗅覚とか味覚とかって言ってますけども、もっといろんな感覚がありますよね。感覚というものは要するに自分、ひとつの生命体がそれ以外のものとの間で、何かややこしいことがあるとちゃんとキャッチしないといけない、つまり接点ですよね。その接点がたまたま目とか耳とかっていうふうに五感って言ってますけど、それ以外の接点はたくさん、まさにまず皮膚もそうですし、身体で聴くのはこれも接点ですね。そういうふうなものの、五感以外のところで感じるものを一応第六感とまとめて言ってるんだろうと思います。そういうふうな中で出てくる自分の中の反応、それをキャッチすることができるのが上手な人と、自分の目とか耳とか外側に開かれている器官で感じられる外界しかないんだと思ってる人ってどうもいるらしくて、そっち側の目、耳以外のところで感じるものに目を向けながらっていうところにずっといくと、これは第六感とか言ってるところにすごいつながっていきますね。ただそれは、共有しにくいですね。目や耳だったら、「あれが見えるじゃないか」「あれが聞こえるからじゃないか」って言えるけど、これは「なんかわからないけどこうなんです」って言わないといけない。こういうふうな感覚っていうのを大事にしながら、それだけ大事にしすぎると、またちょっと偏りすぎるところもありますよね。偏りっていうか、思い込みがありますから。そういうところでの第六感の扱いは難しいんですけど、でも第六感的なものにちゃんとひらかれていくっていうことはとっても必要なこと。気功でも、五感を塞いで第六感を使うとかいいますね。その内側の反応を大事にしていく、それは自発的な反応なんです。

聴講者　気功みたいに緩やかなあれじゃなしに、なぜ第六感だけがピンとくるんでしょうか。

濱野　そのピンとくるっていうのはピンとくる前にたくさんずーっとあるんですよ。そのピンと来るときっていうのはいろんな感覚が極まった頂点ですよね。頂点にくるまでに漠然とした信号がいっぱいあるはずです。第六感でピンッとくるっていうのは、いろんな感覚がたまってきて、普通はこんなんありえないと思ってくるうちに、それがある時こうだって、くる瞬間ですね。それがピンです。ピンの背景はずーっとあります。

聴講者　ありがとうございます。鶴先生お願いします。

鶴　環境が動作に影響を与えることは、言われた通りだと思いますね。アフリカの環境、あるいは北極の環境っていうことでも、国それぞれで動作に特徴があり違いがあります。家元で育った人は、そこで、その流派の振る舞いを、からだを通して無意識的に学習していくわけですね。子どもほど、年若いほど、それぞれその環境を通しての振る舞いは身につきやすいといえますね。

聴講者　ありがとうございます。北村先生。

北村　三つの「こ」についてそれぞれの意味なんですけれども。まず人間ってやっぱり個人の「個」ですね。そういう個としての存在である。で、孤独っていうのは、やっぱりたった一人で大きな自然の中を歩いていくと、どうしても「孤」をものすごく感じざるを得ないし、それに向き合わざるを得ない、そういう実感がとてもあるんです。それから「己」はその三つすべての主体性みたいなところもありますけれども、やっぱり自分、己と向き合って歩いていくのが遍路であるので、その三つの「こ」の意味を同時に含みます。それからおっしゃられた孤独の力ですね、孤独力。おっしゃる通り確かに孤独死とかそういう意味では非常に具合が悪いですけれども、その意味での孤独は、本当の孤独、絶対的孤独っていうことだと思うんです。それは他者を心理的に感じられない、繋がれていないゆえの孤独。でも私が言っている孤独でいられる力っていうのは、身体はひとり、孤独なんだけれども、心理的に誰かとは繋がっている、そういう意味で「孤独だけれども、心は孤独じゃない」。そういうところです。

聴講者　誰かと繋がってるとか、いわゆるコミュニケーションとかは無視ですか。

北村　無視というか、なんていうんですかね、信じてるんですよ。自分は今一人だけれども、家族とか友達とか誰か大事な存在が複数、まあ一人でもいいんですけれどもいて、その人とは何があっても繋がれているっていうその確信があれば、絶対的な孤独にはならないと思っています。

鶴　それは例えば、弘法大師さまは分かってくれているというような理解でもいいんですか。

北村　それでもいいと思います。本当になんでも、たとえば人じゃなくても動物や物、そういうものでもいいんだと思います。

聴講者　ありがとうございます。清源先生。

清源　大変貴重なご意見をどうもありがとうございます。「身体で聴く」も素敵なキャッチコピーだなと感じましたし、「腹の底で聴く」は、まさに和太鼓にぴったりな表現だなと思って聞いておりました。和太鼓の音は、録音と生音では全く異なるということをよく聞きますので、ステレオのキャッチコピーが「身体で聴く」というのに触れて皮膚感覚を挙げられて、太鼓は「腹の底で聴く」という表現が良いのではないかとおっしゃられたのをとても興味深く感じました。ステレオの「身体で聴く」という感じが皮膚感覚であるとするならば、太鼓の「腹で聴く」という感じは、きっと深部感覚で感じているところのものであるだろうと思ったりしております。皮膚感覚を平面的だとおっしゃられたのも、奥行きがあると感じられた太鼓の音が身体の内部でも感じられているところが大きいかと。腹の底にドーンと響くと言われている、独特の重低音を生み出す振動が染み渡るところの感覚……しかも「腹の底で響く」ではなく「腹の底で聴く」とおっしゃられていたのが、太鼓の音による深部感覚の体験が、身体のみでの体感としてではなく、「聴く」という心で感じるものとして体験されているのが、太鼓の音は心と身体が一体となっているところで体験されているということのように感じられて、身体の感覚でありながら心に繋がり得る感覚の体験を聞かせていただいたように思いました。深部感覚の体験は、心も含めた身体の深いところにまで届き得る感覚の体験として、非常に心理臨床学的有用性を持った感覚だと思っておりますので、太鼓は「腹の底で聴く」という表現が良いのではないかとおっしゃっていただけたのは、まさにそうだと感じますし、ご自身の感じ方をお伝えいただけましたことで、深部感覚の体験をより色濃く確認させていただけた感じがして、嬉しいようにさえ感じました。どうもありがとうございました。

聴講者　私【鼓動】の演奏も聴いたことがあるのですが、七、八人が舞台上で演奏しているのに、ひとつに聴こえるのが、和太鼓のいちばんいいところなんですね。ひとつに聴こえる。それがいわゆる迫力があるっていうことになるわけですよね。そうでしょうね。そのように思ったりしていろいろ和太鼓のほう、取り上げていただいて本当によかったと思います。ありがとうございました。

秋田　どうも、貴重なご質問とコメントをありがとうございました。はい、それでは時間となりました。先生方・フロアの方々、本当に貴重なご意見の数々ありがとうございました。おかげ様で良いシンポジウムとなりました。ありがとうございました。それではこれで終わりにしたいと思います。

おわりに

鶴論文において、「脳性まひのひとのからだの動かしにくさは、医学的には器質的脳損傷に起因する中枢神経機能の障害とされていたにもかかわらず、全く心理的手続きで起こる催眠現象によって、その運動障害が大きく改善された」と述べられている。これは、臨床家たるもの常に念頭に置くべき極めて重要な知見である。「器質的脳損傷に起因する」とされていたものが「心理的手続き」で大きく改善された事実は、片時も忘却されてはならない。

死を宣告された末期がん患者が「それならば仕方がない、残りの人生を思いっきり楽しもう」と、しばしの時を過ごした後、再検査を受けてみるとがんが消えていた、などの報告が書物等において多々なされている。ただ、多々なされているとは言え末期がん患者の治癒率はごく低く、楽しめば治るなどという単純なものではない。しかしながら、これらの報告は、少なくとも、心と身体の密接なる結びつきを示すものではある。臨床家は人間という生命体全体に働きかけようとする。心の側から働きかけるのであれ、身体の側からであれ、心だけに、身体だけに、などという認識では「奇跡」と思えるようなプロセスは生じ得ないであろう。

人間は心と身体、あるいは魂とか魄とかをも含めた一つの生命体である。それは宇宙と呼ばれる大生命体とつながりつつ存在している。そしてその宇宙は謎に満ちている。宇宙の物理学的側面に関する知見の数々をわれわれ人類は夥しく所有している。とは言え、人体という小宇宙同様、「宇宙」は物理的側面でのみ成り立っているわけではない。今、われわれが把握しているものとはまた別質の心理的側面の如きものをおそらく持つ。宗教者ならずとも、大宇宙に「神」の意志を感じることは少なくないのではないか。

われわれ臨床家は目の前の「小宇宙」、そしてその背後にある「大宇宙」と向き合っている。その小生命体（小宇宙）と大生命体（大宇宙）を二重円として捉えるとき、臨床家の「眼差し」が小円と大円からなる二重円の中心を見据え、ある種のエネルギーでその二つが貫かれ重なり一体化されるとき、神秘的としか呼びようのない交流が生じる。これは奇跡的治癒と呼ばれるもののメカニズムを生じさせる一説明となる。

臨床動作法では、「宇宙」のありように則った「人間の姿勢」が目指されるのではないか。そのプロセスにおいておのずと人体（小宇宙）と宇宙（大宇宙）の二つの円の中心が重なろうとしていくのではないか。中心、つまり存在の核に働きかけがなされたとき、心とか身体とかの概念がその働きを失い、いまだ把握されていない何かが働きはじめる。そして人間は大治療輪へといざなわれる。

清源論文においても「筆者の研究の主軸となっている『体験』というものは、この心と身体が一体であるところにおける現象なのだと思うのである」「そして、我々心理臨床家が対象としているのも、『身体』や『精神』ではなく、心と身体が一体であるところ、生きているところにおける体験なのだと思うのである」と述べられている。そして、Aさんの語りを「『(自分の身体が）ほとんど死んでて、かろうじて生きてる部分が在って、そこに届く音だった』という和太鼓の音についての語りであるように思う」と考察されている。

これも前述の「大治療輪」論と関連を持つ。「心と身体が一体」もまた身体という小宇宙内でのダイナミクスと捉えるだけでも十分にこれらの現象の説明となっているが、「かろうじて生きてる部分が在って、そこに届く音だった」のくだりを読むと「二重円構造」論、つまり人体と大宇宙の接点においてエネルギーのやり取りがなされたと考えるほうがより自然であろう。Aさんもある瞬間、大治療輪のなかに和太鼓を通して入った。

北村論文において、まず「歩き遍路の身体性といえば歩くことに尽きる。歩くという行為は足だけを使うわけでなく、股関節は体幹で肩胛骨とつながっており、実は全身を使う。たとえばムシャクシャした気分の時にスポーツをしてみたり、行儀は悪いがその辺のものを手荒く扱ったり等、ちょっと大げさに身体を動かしてみると意外とスッキリできたりするように、身体を使うことによって身体のレベルから『気』――気分や気持ちも含まれる――を整えることができる。各種ボディワークはまさにそれを目的として編み出され実践されてきたが、この観点からすると歩き遍路も一種のボディワークとして見ることも可能だと思う。殊に現代人の多くは、日常の世界にあっては「頭」の独壇場（自我肥大）と言ってよく、身体の重要性は意識の外にやられていることも少なくない。しかし遍路の世界では身体こそが主役である。歩くことで身体の各機能が活性化されるとともに、相対的に自我は本来の謙虚さを取り戻し自我―自己軸のバランスが整ってくる面もあるのではないだろうか」と述べられている。ここで北村の言う「歩くことで身体の各機能が活性化されるとともに、相対的に自我は本来の謙虚さを取り戻し自我―自己軸のバランスが整ってくる」とは、私の言う人体という小円と宇宙なる大円が、歩くことによって中心が重なり合ってくると言い換えても間違いではないであろう。

「お遍路さんはお接待は断ってはいけないとされ、また返礼として納め札を渡すのが習わしで、お遍路さんから頂いた納め札を戸口に貼っておくと災いが入ってこないなどと地元では言われる」ともまた北村は述べているが、ここにおいて「お接待」は単に人間が人間にものを与えることを超えている。お大師様が、と言ってもいいし、四国が、と言ってもいい。二重同心円構造論に引きつけて言えば、大円つまり宇宙からの「お接待」とも言える。それへのお礼として納め札を渡す。ここにおいて、小円と大円の中心はつながりあい「小円のあり方」が自然(じねん)に近づく。大宇宙が人の心と身体の「歪み」を、歩くこととお接待を通して矯正していく。

お接待こそないものの、単なるウォーキングにもこのダイナミクスの一部は働く。北村論文からお遍路さんのありようを学べばよい。さすれば、そこいらを単に歩くだけでも遍路に近い効果がおのずと得られるであろう。風景が目に入ることも自然や街並みから与えられる「お接待」であろうし、水分補給のために持参している水も持参とは言え、結局のところ与えられているものであり、お接待を受けていることとなる。お遍路さん研究の意義は実に大きい。

濱野論文において「日本的なものがあるとすれば、どこかに日本的なことが書かれているのではなく、私たちが自覚的にこの日本という国に生きることに身を投じ、そこで言葉を紡ぎ、積極的に関与するという感覚をもって、この世界を眺めていくときに生まれるものなのではないだろうか。日本という場所で生まれるものが、それは日本というものとつながったある種の感覚であろうし、また別の土地にはその土地の何かが引き出されていくのである。そういうふうなものとして日本的精神というものもつかまえてみると、その絶対化に向かって突きすすむことは原理的には起こらなくなるはずだ。そしてむしろ、他の土地の精神との交流を進める基盤として自分の日本的精神を大切にできるようになるはずである」という記述があるが、これは卓見である。

突き詰めて考えれば「日本的精神性などというものはない」と根こそぎ否定する御仁も少なからずいるな

か、しかしながら、やはり日本に住む者として日々日本的なものを感じつつ生きているわれわれにとって「日本的」なるものが説得力をもって過不足なく表現されている。そう、まさに「私たちが自覚的にこの日本という国に生きることに身を投じ、そこで言葉を紡ぎ、積極的に関与するという感覚をもって、この世界を眺めていくときに生まれるもの」なのである。そして、「絶対化に向かって突きすすむことは原理的には起こらなくなる」という人類の究極目標が、論の飛躍なく表現されている。

私は京都文教大学において、平成一九年より日本的精神性研究を始め、その延長線上に日本的精神性研究センターの設立案が持ち上がった。ところが年配の先生方は「日本的精神性」の名のもと、かの戦争に突き進んだ右翼的で危険な方向性への傾斜を感じさせる可能性があり、センター名として不適切であると主張された。そこですったもんだの挙句、「臨床物語学研究センター」に落ち着き、これはこれでセンターの将来・可能性を考えると良い着地であったとは思うが、むろんのこと、当初より単なる日本礼賛など微塵も考えておらず、むしろ濱野の言う「絶対化に向かって突きすすむ」ことを阻止せんがためのごく小さな一滴とならんことを志の一つとして使った言葉であった。

この濱野の一文は「日本的精神性研究」が云々される場合、繰り返し引用されるべき穏やかなる至言である。

本書の元となるシンポジウムは、鈴木宣行さん、立石尚史さんをはじめとする京都文教大学研究支援課のご助力なしには為し得なかった。またそれらの営みを支えてくださった平岡聡学長をはじめ京都文教大学の教職員・学生すべてにお礼を申し上げたい。さらには、臨床物語学研究センターを裏方として強力にバックアップしてくれている樋上夏さん、芝田和果さんにはまた特別の感謝をささげたい。

最後になったが、この度も編者の力不足をさまざまに補ってくださった新曜社の森光佑有氏、そのプロセスを見守ってくださっている塩浦暲氏に心よりのお礼を申し上げる次第である。

二〇一六年一二月

秋田　巌

注1　この大治療輪については、拙著『写楽の深層』（二〇一四年　ＮＨＫブックス）に詳述しているので、ご興味のある向きにはお読みいただければ幸いである。

人名索引

◆ら　行

事項索引

◆た　行

◆な　行

◆は　行

◆ま　行

◆や　行

◆ら　行

◆わ　行

執筆者紹介

編　者

秋田　巌（あきた　いわお）

高知医科大学卒業。博士（医学）。精神科医、臨床心理士。チューリッヒ・ユング研究所にてユング派分析家国際資格取得。現在、京都文教大学臨床心理学部教授、臨床物語学研究センター長。著書は『さまよえる狂気：精神学からの提言』（創元社）、『死を育てる』（ナカニシヤ出版・共編）、『人はなぜ傷つくのか：異形の自己と黒い聖痕』（講談社）、『写楽の深層』（NHK 出版）など。

執筆者（登場順）

鶴　光代（つる　みつよ）

九州大学大学院教育学研究科博士課程教育心理学専攻退学。博士（臨床心理学）。臨床心理士。秋田大学教育文化学部教授、跡見学園女子大学文学部教授を経て、現在、東京福祉大学心理学部教授・大学院心理学研究科長。日本心理臨床学会理事長、日本臨床動作学会理事長。著書は『臨床動作法への招待』（金剛出版）、『発達障害児への心理的援助』（金剛出版・編）など。

清源友香奈（きよもと　ゆかな）

京都文教大学大学院臨床心理学研究科博士後期課程修了。博士（臨床心理学）。臨床心理士。現在、東海学院大学人間関係学部心理学科講師。カウンセリングルーム＊オータム設立発起人兼副室長。著書は『日本の心理療法　自我篇』（新曜社・分担執筆）、論文は「表現過程における体性感覚の心理臨床学的意義：和太鼓演奏者の体験の語りを通して」（心理臨床学研究）など。

北村香織（きたむら　かおり）

京都文教大学大学院臨床心理学研究科修士課程修了。修士（臨床心理学）。臨床心理士として、学校臨床、発達福祉臨床、病院臨床の各現場で心理臨床実践に従事。夢や箱庭、コラージュなどをよく用いている。論文は「遍路と心理療法」（プシケー・共著）、「遍路に見る日本的精神性：日本的心理療法への可能性に向けて」（人間学研究）など。

濱野清志（はまの　きよし）

京都大学大学院教育学研究科修了。博士（教育学）。臨床心理士。現在、京都文教大学臨床心理学部教授。学部長、大学院研究科長。学内で一般向けの気功の集りを毎週開いている。著書・訳書は『覚醒する心体』（新曜社）、『ユング心理学辞典』（創元社・共訳）、J. ヒルマン『世界に宿る魂』（人文書院）、論文は「瞑想する身体」（人間性心理学研究）など。

新曜社 日本の心理療法　身体篇

初版第1刷発行　2017年2月10日

編　者　秋田　巌

発行者　塩浦　暲

発行所　株式会社　新曜社

〒101-0051　東京都千代田区神田神保町3-9
第一丸三ビル3F
電話(03)3264-4973(代)・FAX(03)3239-2958
E-Mail：info@shin-yo-sha.co.jp
URL：http://www.shin-yo-sha.co.jp

印　刷　亜細亜印刷株式会社
製　本　イマヰ製本所

ISBN 978-4-7885-1494-2 C 3011